Droit civil

Les obligations

Droit civil

Les obligations

Patrick Canin
Maître de conférences
à l'université Grenoble-Alpes

7e édition

hachette
SUPÉRIEUR

LES FONDAMENTAUX

LA BIBLIOTHÈQUE DE L'ÉTUDIANT

Collection créée par Caroline Benoist-Lucy

Dans la même collection :

Droit, Politique

7 *Les institutions de la Vᵉ République* (Ph. Ardant)
9 *La fiscalité en France* (P. Beltrame)
12 *Introduction à la science politique* (J.-M. Denquin)
16 *Introduction à l'étude du droit* (J.-C. Ricci)
17 *La Constitution commentée, article par article* (S.-L. Formery)
18 *Finances publiques de l'État - La LOLF* (J. Mekhantar)
19 *Les collectivités territoriales en France* (E. Vital-Durand)
22 *Contentieux administratif* (D. Turpin)
34 *Philosophie politique / 1. Individu et société* (M. Terestchenko)
35 *Philosophie politique / 2. Éthique, science et droit* (M. Terestchenko)
46 *Droit administratif* (J.-C. Ricci)
47 *Mémento de la jurisprudence administrative* (J.-C. Ricci)
48 *Les grands textes constitutionnels de la France* (S.-L. Formery)
57 *Introduction au droit de l'Union européenne* (J. Dutheil de la Rochère)
75 *Mémento des institutions politiques françaises* (E. Vital-Durand)
86 *Droits fondamentaux et libertés publiques* (J.-M. Pontier)
121 *Droit des sociétés* (J. Bonnard)
129 *Droit du travail* (M. Le Bihan-Guénolé)
132 *Droit pénal général* (P. Canin)
137 *Droit des entreprises en difficulté* (J. Bonnard)
144 *Droit commercial* (P. Canin)
148 *Droit civil / Les obligations* (P. Canin)
156 *Droit civil / Les biens* (R. Desgorces)
161 *Quel droit pour l'environnement ?* (S. Maljean-Dubois)
173 *Mémento de Droit des sociétés : le juge et la société* (J.-L. Navarro)
178 *Mémento de la jurisprudence de la CDEH* (Y. Lécuyer)
179 *Droits et libertés constitutionnels* (Ph. Blanchèr, J.-É. Gicquel, P. Jan)
180 *La QPC* (M. Verpeaux)

www.hachette-education.com

ISBN 978-2-01-400496-0

Table des matières

Partie 3
Le rapport d'obligation

Liste des abréviations

art.	*article*
Ass. plén.	*arrêt de l'Assemblée plénière de la Cour de cassation*
Bull. civ.	*Bulletin des arrêts des chambres civiles de la Cour de cassation*
Bull. crim.	*Bulletin des arrêts de la chambre criminelle de la Cour de cassation*
CASF	*Code de l'action sociale et des familles*
Cass.	*Cour de cassation*
C. assur.	*Code des assurances*
CC	*décision du Conseil constitutionnel*
CE	*arrêt du Conseil d'État*
Civ.	*arrêt d'une chambre civile de la Cour de cassation*
C. civ.	*Code civil*
C. com.	*Code de commerce*
C. cons.	*Code de la consommation*
C. constr. et hab.	*Code de la construction et de l'habitation*
Contrats, conc., cons.	*Contrats, concurrence, consommation*
CGI	*Code général des impôts*
CJCE	*Cour de justice des Communautés européennes*
COJ	*Code de l'organisation judiciaire*
CPC	*Code de procédure civile*
CPCE	*Code des procédures civiles d'exécution*
C. monét. et fin.	*Code monétaire et financier*
Com.	*arrêt de la chambre commerciale de la Cour de cassation*
comp.	*comparer*
C. pén.	*Code pénal*
CPP	*Code de procédure pénale*
C. sant. pub.	*Code de la santé publique*
C. séc. soc.	*Code de la sécurité sociale*
Crim.	*arrêt de la chambre criminelle de la Cour de cassation*
C. trav.	*Code du travail*
D.	*Recueil Dalloz*

D. aff.	*Recueil Dalloz, Cahier Droit des affaires*
D. C.	*Dalloz Critique*
D. H.	*Dalloz Hebdomadaire*
D. P.	*Dalloz Périodique*
Gaz. Pal.	*Gazette du Palais*
JCP	*Jurisclasseur périodique, édition Générale*
rappr.	*rapprocher*
Resp. civ. et assur.	*Responsabilité civile et assurances*
Rev. crit. législ. et jurisp.	*Revue critique de législation et de jurisprudence*
RTD civ.	*Revue trimestrielle de droit civil*
S.	*Sirey*
Soc.	*Arrêt de la chambre sociale de la Cour de cassation*
v.	*voir*

NB – Sauf indication contraire, les articles cités dans le présent ouvrage sont ceux du Code civil.

chapitre 1

La notion d'obligation

De nombreux ***devoirs contraignants*** existent dans notre société : devoirs religieux, moraux, de bienséance, devoirs d'ordre social ou politique. Cependant, ***tous ne constituent pas des obligations juridiques***.
Par conséquent, il convient de définir le **concept d'obligation juridique** afin de délimiter le domaine du droit des obligations, avant de procéder à une **classification des obligations**.

I. Précisions terminologiques

A– La définition de l'obligation juridique

La notion d'obligation juridique est polysémique.

1. Le sens général

▶ L'obligation **juridique** est le devoir émanant d'un texte législatif ou réglementaire qui s'impose aux individus : obligations de payer ses impôts, de conduire à droite, par exemple.

▶ Cette acception permet de distinguer les devoirs qui relèvent du juridique (sanctionnés par les juridictions de l'État) de ceux qui appartiennent à la **morale** (qui dépendent de la seule conscience individuelle). Mais cette différenciation apparaît trop tranchée car des devoirs moraux ont été métamorphosés en obligations juridiques (v. Ripert, *La règle morale dans les obligations civiles*, LGDJ, 4e éd., 1949, et *Les forces créatrices du droit*, LGDJ, 1955).

Ce premier sens est trop large pour être utile à la détermination du domaine du droit des obligations car, dans les cas cités, aucun rapport de droit privé de créancier à débiteur ne peut être discerné.

2. Les sens techniques

Le concept d'obligation est susceptible de plusieurs significations techniques.

→ Sens large

L'obligation ou droit personnel est le lien de droit en vertu duquel une personne, ***le créancier*** (sujet actif), peut exiger d'une autre personne, ***le débiteur*** (sujet passif), l'exécution d'une ***prestation déterminée*** ou une ***abstention*** (objet de l'obligation). Dans ce sens, c'est **l'ensemble du rapport d'obligation** (aspects actif et passif) qui est juridiquement pris en considération.

→ Sens étroits

▸ L'obligation est la **face passive** (la dette ou engagement) du droit personnel, abstraction faite de son aspect actif (la créance).

▸ Dans un sens encore plus restreint, l'obligation est un **titre négociable** émis par une société par actions, contrepartie de l'emprunt effectué auprès du public. L'étude de ce titre relève du droit des sociétés.

B– Le contenu de l'obligation juridique

L'obligation juridique, entendue dans son sens technique de droit personnel, est composée de **deux éléments** (cas de l'***obligation civile***) qui sont **parfois dissociés** (cas de l'***obligation naturelle***).

1. Les deux éléments de l'obligation civile

La doctrine discerne deux composantes de l'obligation civile :

- la **dette** (*debitum*), qui consiste en une ***prestation*** ou une ***abstention*** ;
- la **contrainte** (*obligatio*), exercée par le créancier sur les biens de son débiteur par le ***recours aux juridictions étatiques***, qui lui permet d'obtenir satisfaction (exécution forcée).

2. La dissociation des éléments de l'obligation

Parmi les obligations juridiques, certaines, qualifiées d'**obligations naturelles**, ne comportent pas la contrainte, contrairement aux obligations civiles : par exemple, le devoir alimentaire entre frères et sœurs, la dette de jeu (art. 1965), la dette éteinte par la prescription (v. chapitre 9, 2. B.). Il s'agit de ***devoirs de conscience envers autrui non sanctionnés par le droit*** (insusceptibles d'exécution forcée, uniquement susceptibles d'exécution volontaire) mais tout de même élevés à la dignité d'obligations (v. Ripert, *La règle morale dans les obligations civiles, op. cit.* : « L'obligation naturelle est un devoir moral qui monte à la vie civile »). Par conséquent, si le débiteur paie volontairement, le paiement est juridiquement valable et ne peut donner lieu à répétition (v. art. 1302 al. 2 et art. 1967). Et l'engagement unilatéral, pris en connaissance de cause, d'exécuter une obligation naturelle transforme celle-ci en obligation civile (Civ. 1re, 4 janvier 2005, *JCP* 2005, II, 10159, note Mekki).

II. Les classifications des obligations

En ce qui concerne la classification fondée sur les modalités de l'obligation, v. chapitre 8, 1. A. et B.

A– Les classifications fondées sur les sources créatrices des obligations

La source de l'obligation est le fait qui donne naissance à celle-ci.

1. La classification légale

Le Code civil distingue ***cinq sources*** d'obligations :

- Le **contrat** (art. 1101), ***accord de volontés*** tendant à créer des obligations (v. chapitre 2).

- Le **quasi-contrat**, ***fait volontaire*** (mais sans accord de volontés) ***et licite*** de l'homme « *dont il résulte un engagement de celui qui en profite sans y avoir droit, et parfois un engagement de leur auteur envers autrui* » (art. 1300). La ***notion de quasi-contrat*** a été ***critiquée en doctrine*** (v. par exemple, Mazeaud et Chabas, n° 646 et s., qui considérait que « cette catégorie juridique n'existe pas » ; Josserand présentait le quasi-contrat comme « une sorte de monstre légendaire qu'il faut se décider à bannir du vocabulaire juridique »).

Ces quasi-contrats sont au nombre de quatre (trois classiques, et un nouveau) :

- La **gestion d'affaires** (art. 1301 à 1301-5), qui est le fait pour une personne (le gérant) d'accomplir ***spontanément*** (sans mandat, mais sans opposition) et ***intentionnellement des actes matériels ou juridiques utiles*** au profit d'une autre personne (le géré ou maître de l'affaire), laquelle doit ***reprendre à son compte les engagements*** utiles ou nécessaires contractés par le gérant en son nom envers le tiers (v. art. 1301-2).
- La **répétition de l'indu** (art. 1302 à 1302-3), qui est le droit, pour la personne (appelée *solvens*) payant une dette qui en réalité n'existe pas ou plus (hypothèses de l'***indu objectif***, art. 1302-1) ou payant par erreur (ou contrainte) la dette d'autrui (hypothèse de l'***indu subjectif***, art. 1302-2), d'en obtenir la ***restitution*** (v. art. 1302 al. 1er : « *tout paiement suppose une dette: ce qui a été reçu sans être dû est sujet à restitution* ») ;
- L'**enrichissement sans cause** (construction jurisprudentielle datant de Req. 15 juin 1892, *D. P.* 1892, 1, 596, faisant état du « *principe d'équité qui défend de s'enrichir au détriment d'autrui* ») entré dans le Code civil avec la réforme de 2016, sous l'appellation d'enrichissement « *injustifié* » (art. 1303 à 1303-4) est la situation où se constate l'***appauvrissement d'un patrimoine*** et l'***enrichissement corrélatif d'un autre sans aucune cause***, c'est-à-dire sans justification juridique (contrat, quasi-contrat, délit ou quasi-délit). L'***action*** (appelée « ***de in rem verso*** ») fondée sur l'enrichissement sans cause est par conséquent ***subsidiaire***. L'***indemnité*** due à l'appauvri est égale à la plus faible des deux sommes correspondant à l'appauvrissement subi et à l'enrichissement procuré.
- La Cour de cassation a ajouté un quatrième quasi-contrat, en matière de **loterie publicitaire**. Elle a considéré, au visa de l'ancien article 1371 (relatif aux quasi-contrats), que « *l'organisateur d'une loterie qui annonce un gain à une personne dénommée* ***sans mettre en évidence l'existence d'un aléa*** *s'oblige, par ce* ***fait purement volontaire****, à le délivrer.* » (Cass. ch. mixte 6 septembre 2002, *D.* 2002, 2963, note Mazeaud; Civ. 1re, 18 mars 2003, *Bull. civ.* I, n° 85).

▶ Le **délit** (art. 1240), ***fait volontaire*** (intentionnel) ***et illicite de l'homme*** à l'origine d'un dommage, v. chapitre 6.

▶ Le **quasi-délit** (art. 1241), ***fait illicite mais non intentionnel***, c'est-à-dire commis par imprudence ou négligence, sans recherche du dommage, v. chapitre 6.

▶ La **loi**, lorsqu'elle édicte directement des obligations sans le relais de la volonté privée: obligation alimentaire entre parents et enfants, obligations des administrateurs et tuteurs, obligations de voisinage.

Le **Code civil** regroupe ces sources sous deux titres du Livre III consacré aux « *différentes manières dont on acquiert la propriété* » : le titre III, « ***Des contrats ou des obligations conventionnelles en général*** », le titre IV, « ***Des engagements qui se***

forment sans convention » (les sources autres que le contrat), et le titre IV *bis* « ***De la responsabilité du fait des produits défectueux*** ».
Un **avant-projet de réforme** du droit des obligations portant refonte des titres III et IV du Code civil avait été remis au ministre de la Justice le 22 septembre 2005. Puis **une ordonnance n° 2016-131 du 10 février 2016** portant **réforme du droit des contrats, du régime général et de la preuve des obligations** a été publiée au Journal Officiel le 11 février 2016, accompagnée d'un rapport au président de la République. La réforme reprend, pour l'essentiel, les textes antérieurs en les modernisant, ainsi que des solutions jurisprudentielles.
Le **plan** du Livre III est désormais ainsi distribué : titre III, « ***Des sources d'obligations*** » (articles 1100 à 1303-4) ; titre IV, « ***Du régime général des obligations*** » (articles 1304 à 1352-9) ; titre IV *bis*, « ***De la preuve des obligations*** » (articles 1353 à 1386-1).
S'agissant de l'**application dans le temps**, l'article 9, alinéa 2, de l'ordonnance précise que les contrats conclus avant le 1er octobre 2016 (date de son entrée en vigueur) « *demeurent soumis à* ***la loi ancienne*** » (voir cependant quelques exceptions énumérées à l'alinéa 3 dudit article).
Enfin, le **droit de la responsabilité civile** sera lui aussi l'objet d'une réforme. Un **avant-projet de loi** a été publié le 29 avril 2016 et soumis pour consultation aux juridictions et professionnels du droit.

2. La classification doctrinale

La doctrine préfère réunir les sources des obligations en deux catégories : les ***actes juridiques*** et les ***faits juridiques***.

→ Les actes juridiques

Les actes juridiques sont des **manifestations de volonté destinées à produire des effets de droit**. Sous cette bannière commune sont regroupés :

- l'***acte juridique bilatéral*** ou plurilatéral, manifestation de deux ou plusieurs autres volontés, par exemple le contrat ;
- l'***acte juridique unilatéral***, manifestation d'une seule volonté : le testament, l'offre, l'acceptation, l'engagement unilatéral de volonté (comme par exemple la promesse d'exécuter une obligation naturelle : Civ. 1re, 10 octobre 1995, *Bull. civ.* I, n° 352).

Le ***critère*** de la distinction est le ***nombre de volontés*** qui se sont exprimées.

→ Les faits juridiques

Les faits juridiques sont des **événements quelconques qui produisent des effets de droit** : quasi-contrat, délit, quasi-délit. Les obligations purement légales sont exclues de cette qualification, car elles sont considérées comme extérieures au droit des obligations proprement dit, et relèvent soit du droit de la famille ou des incapacités, soit du droit des biens.

→ Les limites de la classification doctrinale

La classification opposant les obligations contractuelles aux obligations extra-contractuelles apparaît aujourd'hui artificielle et dépassée. Des lois ont, en effet, parfois retenu un **régime unitaire de responsabilité**, qu'un contrat ait été ou non conclu (art. 1er de la loi du 5 juillet 1985 relative aux accidents de la circulation; art. 1245, en matière de responsabilité du fait des produits défectueux, v. chapitre 6, 2. C.).

B– Les classifications fondées sur l'objet possible de l'obligation

L'obligation peut avoir des **objets** (ce à quoi le débiteur est obligé envers le créancier) **variés**. Une classification traditionnelle oppose les obligations ***de donner*** aux obligations ***de faire*** ou ***de ne pas faire***. Une classification plus moderne distingue les obligations ***en nature*** et les obligations ***monétaires***.

1. Les obligations de donner, de faire ou de ne pas faire

L'ancien article 1126 disposait : « *tout contrat a pour objet une chose qu'une partie s'oblige **à donner**, ou qu'une partie s'oblige **à faire** ou **à ne pas faire*** » (termes que l'on retrouvait aussi dans l'ancien article 1101).
L'intérêt de la distinction résidait dans un régime différent prévu par le Code civil pour l'obligation de donner (anc. art. 1136 à 1141) et pour l'obligation de faire ou de ne pas faire (anc. art. 1142 à 1145). L'ordonnance de 2016 ne reprend pas ces distinctions. L'article 1163 alinéa 1er fait état d'une « ***prestation*** » sans donner d'autres précisions. La distinction qui était légale devient donc désormais doctrinale.

→ L'obligation de donner

L'obligation de donner est l'**obligation de transférer la propriété d'un bien** (*dare*; anc. art. 1136) et non pas de consentir à une donation (*donare*). Cette obligation de donner existe-t-elle en réalité ? Un débat s'est instauré en doctrine sur ce point.

▸ En effet, en présence d'un **transfert de propriété d'un corps certain**, il est pertinent de soutenir que **cette obligation n'existe pas en vérité**, qu'elle est un « mythe » (v. M. Fabre-Magnan, « Le mythe de l'obligation de donner », *RTD civ.* 1996, pp. 85

et s.) car le transfert de propriété s'opère de plein droit et immédiatement « *lors de la conclusion du contrat* » (art. 1196 al. 1er, v. aussi art. 938 et 1583). Dès lors, ***le transfert de propriété ne peut aucunement être l'objet d'une obligation ni d'une exécution***. Il est la conséquence purement légale et automatique de l'échange des consentements. Seule demeure l'obligation de livrer la chose (v. art. 1603), qui est une obligation de faire. À l'impossible obligation de donner est donc substituée une inévitable obligation de faire.

▶ L'obligation de donner **ne présente pas** mieux **une existence autonome** lorsque le transfert de propriété a été **retardé** (art. 1196 al. 2) : à terme (vente à terme), au moment de l'individualisation (vente de choses de genre) ou au complet paiement du prix (vente avec une clause de réserve de propriété). En effet, dans ces situations, l'effet légal du consentement (le transfert de propriété) est seulement reporté. Il se produira nécessairement et automatiquement (sans acte de volonté du vendeur) à l'instant choisi. Entre-temps, seules se rencontrent des obligations de faire : individualiser la chose, payer l'intégralité du prix.

→ L'obligation de faire

▶ Cette obligation consiste en un **fait positif** du débiteur qui s'engage à l'accomplir : par exemple, l'obligation de livrer la chose dans le contrat de vente.

▶ Lorsque l'obligation de faire revêt un **caractère** par trop **personnel** comme, par exemple, dans le cas où un peintre s'engage à réaliser un portrait, elle n'est **point susceptible d'exécution forcée**, afin de protéger la liberté individuelle ; alors, des dommages-intérêts seraient dus par le débiteur, v. chapitre 5, 1. C.

→ L'obligation de ne pas faire

Cette obligation consiste en un **fait négatif** du débiteur qui s'engage à ne pas accomplir un acte : par exemple, le vendeur d'un fonds de commerce promet à l'acquéreur de ne pas lui faire concurrence.

→ La remise en cause de la classification

Une partie de la doctrine reconsidère la classification tripartite et préfère procéder à la réunion des catégories. Sur la remise en cause par le législateur lui-même, v. *supra*.

▶ Elle différencie ainsi les **prestations positives** (l'obligation de donner, pour ceux qui estiment que cette obligation existe, v. *supra* ; et l'obligation de faire) et les **prestations négatives** (l'obligation de ne pas faire).

▶ Allant plus loin, certains auteurs ont même proposé de ramener les obligations à une unité : l'obligation de faire, puisque, en définitive, « *ne pas faire, c'est encore faire* » (J. Carbonnier, n° 9).

2. Les obligations en nature, les obligations monétaires et la dette de valeur

→ Exposé de la distinction

▸ Les **obligations en nature** (toutes les obligations ***autres que celle de payer une somme d'argent***), telles que la construction d'un bâtiment ou l'exécution d'un tableau, ***ne sont pas soumises aux fluctuations monétaires***.

▸ Les **obligations monétaires** ou purement pécuniaires (obligations de payer une somme d'argent) ***subissent*** en revanche ***les effets de la dépréciation monétaire***.

→ L'intérêt de la distinction

Le principal intérêt réside dans l'octroi au créancier d'intérêts moratoires au taux légal en cas de retard, par le débiteur, dans le paiement d'une somme d'argent (art. 1231-6 al. 1er).

→ La dette de valeur : catégorie intermédiaire

La dette de valeur est une obligation qui porte sur le versement d'une somme d'argent dont la valeur est fixée non pas initialement mais à un moment donné (afin de tenir compte de la dépréciation monétaire) : v. art. 922 et 1469 par exemple, et chapitre 7, 2. B., la jurisprudence relative à l'évaluation du préjudice.

C– La classification fondée sur l'intensité des obligations

La classification proposée par Demogue en 1930 (*Traité des obligations en général*, t. V, n° 1237 ; v. aussi J. Frossard, *La distinction des obligations de moyens et de résultat*, LGDJ, 1965), fondée sur l'étendue de l'objet de l'obligation, confronte les **obligations contractuelles de résultat** aux **obligations contractuelles de moyens**. Cette proposition doctrinale, qui concilie les termes contradictoires des articles anciens 1137 (obligations de moyens, art. nouv. 1196) et 1147 (obligations de résultat, art. nouv. 1231-1), a été consacrée par la jurisprudence.

1. Les obligations de résultat (ou obligations déterminées)

→ Le domaine des obligations de résultat

▸ Il existe des obligations contractuelles où le débiteur promet un **résultat déterminé**. Ainsi, en matière de ***transport de personnes***, l'exécution du contrat comporte, pour le transporteur, « *l'obligation de conduire le voyageur sain et sauf à* *destination* » (Civ., 21 novembre 1911, *D. P.* 1913, 1, 249, note Sarrut : ***obligation de sécurité*** de résultat).

▶ Plus précisément, l'**obligation de donner** (pour ceux qui admettent son existence, v. *supra*) et l'**obligation de ne pas faire** sont de résultat car le débiteur a toujours, dans ces hypothèses, la possibilité de fournir le résultat promis. Quant aux **obligations de faire**, la plupart sont de résultat (par exemple, la livraison de la chose dans le contrat de vente), le créancier contractant dans le but de parvenir à un résultat précis et non dans le seul dessein d'obtenir une certaine diligence de son partenaire.

➜ Le régime des obligations de résultat

▶ Dans ce type d'obligations, il suffit au créancier de **démontrer l'absence du résultat** pour engager **automatiquement** la responsabilité contractuelle du débiteur, la non-obtention du résultat établissant par elle-même que le débiteur n'a pas exécuté son obligation.

▶ Le débiteur peut **se dégager de cette responsabilité de plein droit** en prouvant que l'exécution « *a été empêchée* » par : la ***force majeure*** (art. 1231-1), le ***fait du tiers*** imprévisible et irrésistible, la ***faute de la victime cause exclusive*** du dommage (dans tous ces cas : exonération totale de responsabilité) ou la ***faute de la victime cause non exclusive*** du dommage (exonération partielle). En revanche, le débiteur ne peut point se contenter de rapporter la preuve qu'il n'a commis aucune faute, l'absence de faute étant juridiquement inopérante (v. chapitre 5, 1. B.).

2. Les obligations de moyens (ou obligations de prudence et de diligence)

➜ Le domaine des obligations de moyens

Il existe des obligations où le débiteur ne promet pas un résultat déterminé mais s'engage à mettre ses **compétences** et **diligences** au service du créancier.
Les obligations de moyens se rencontrent en matière de certaines obligations de faire. C'est ainsi que le ***médecin*** ne promet pas au malade la guérison (le résultat [guérir] n'est pas incorporé dans l'obligation de soins) mais il prend l'engagement de donner au malade des « *soins, non pas quelconques […] mais consciencieux, attentifs, et, réserve faite de circonstances exceptionnelles, conformes aux données acquises de la science* » (Civ., 20 mai 1936, arrêt *Mercier*, *D. P.* 1936, 1, 88, concl. Matter, rapport Josserand, note E. P. ; v. aussi Civ. 1re, 6 juin 2000, *JCP* 2001, II, 10447, note Mémeteau). Rappr. art. L. 1142-1-I, C. sant. pub. (loi du 4 mars 2002) instaurant une responsabilité « légale » pour faute des professionnels et établissements de santé.

→ Le régime des obligations de moyens

▶ Pour engager la responsabilité du débiteur, le créancier ne peut se contenter de démontrer l'absence de résultat. De l'absence de résultat ne saurait se déduire une **faute**. Celle-ci doit être prouvée. C'est ainsi que le défaut de guérison et le défaut de soins convenables ne se confondent pas. Aussi la Cour de cassation a-t-elle précisé que « *la réparation des conséquences de l'**aléa thérapeutique*** [qui est le risque inhérent à l'acte médical qui ne peut être maîtrisé et est indépendant de toute faute du praticien] *n'entre pas dans le champ des obligations dont un médecin est contractuellement tenu* » (Civ. 1re, 8 novembre 2000, *JCP* 2001, II, 10493, note Chabas). Dans ce cas, c'est désormais la solidarité nationale qui joue : la loi du 4 mars 2002 relative aux droits des malades a institué un Office national d'indemnisation des accidents médicaux à l'intention des victimes d'un aléa thérapeutique (v. art. L. 1142-1-II, C. sant. pub.).

▶ Par conséquent, le créancier doit établir que le débiteur ***ne s'est pas comporté avec la prudence et la diligence exigées et attendues***, ce qui nécessite une **appréciation judiciaire** relative à la conduite du débiteur. Les juridictions procèdent à une comparaison du comportement du débiteur et de celui qu'aurait eu l'homme ***droit, prudent et avisé placé dans les mêmes circonstances*** (le « ***bon père de famille*** », standard de référence abstrait, visé à l'ancien article 1137 alinéa 1er ; une « *personne raisonnable* » selon le nouvel article 1197) : par exemple, comparaison du comportement du médecin auteur du dommage avec le comportement normal d'un médecin prudent et avisé ayant les mêmes qualifications et se trouvant dans les mêmes conditions de travail, placé dans le même service.

▶ Les obligations de moyens sont susceptibles d'être **renforcées** (v. art. 1882) ou **atténuées** (v. art. 1927).

3. Les critères de la distinction

La **volonté des parties contractantes** (l'une des parties a-t-elle promis un résultat ou au contraire une simple diligence ?) est le ***premier indice de détermination des obligations*** de moyens et de résultat.
Si la volonté n'a pas été clairement exprimée, le critère retenu par la jurisprudence est l'**existence** (obligations de moyens) **ou non** (obligations de résultat) **d'un aléa dans la réalisation du but poursuivi** par les contractants, spécialement par le créancier. Parfois, la jurisprudence retient une variante : le **rôle actif** (obligation de moyens : par exemple, pour le contrat de transport de personnes par télésiège, lors des opérations d'embarquement et de débarquement) ou **passif** (obligations de résultat : par exemple, pour le transport de personnes par train ou par télésiège pendant le trajet) du créancier dans l'exécution du contrat.

1

L'acte juridique : le contrat

chapitre 2

Les classifications des contrats

La première partie de cet ouvrage sera consacrée pour l'essentiel à la **théorie générale du contrat**, acte juridique bilatéral. Celui-ci est l'instrument privilégié de la vie civile et de la vie des affaires; chaque jour, des millions de conventions se concluent, s'exécutent ou s'éteignent (ces phases pouvant être concomitantes: par exemple, l'achat de consommation courante).
S'agissant de l'acte juridique unilatéral (v. *supra*), la doctrine s'est partagée à propos de l'admission de l'***engagement unilatéral de volonté*** comme source autonome d'obligations. La jurisprudence a parfois retenu l'idée d'un tel engagement (v. chapitre 1, 2. A. à propos de la promesse d'exécution d'une obligation naturelle; v. aussi, en matière d'organisation de loteries publicitaires organisées par des sociétés de vente par correspondance: Civ. 1re, 28 mars 1995, *D.* 1996, 180, note Mouralis [avant le revirement de Cass, ch. mixte, 6 septembre 2002, *D.* 2002, 2963, note Mazeaud, recourant au fondement controversé du quasi-contrat, v. *supra*]).

1. Précisions terminologiques

Reprenant une distinction de Pothier, l'ancien article 1101 conduisait à ***différencier les notions de contrat et de convention***: « *Le contrat est une convention par laquelle une ou plusieurs personnes s'obligent, envers une ou plusieurs autres, à donner, à faire ou à ne pas faire quelque chose.* »

▸ Selon la terminologie juridique, la **convention** est un ***accord de volontés*** de deux ou plusieurs autres personnes (elle est de ce fait un acte juridique bilatéral, v. chapitre 1, 2. A.) ***sur « un objet d'intérêt juridique »*** (Aubry et Rau), c'est-à-dire qu'elle a pour objet de ***créer*** (le contrat), de ***transmettre*** (la cession de créance), de ***modifier*** ou d'***éteindre*** (la remise de dette, le paiement volontaire) ***des obligations***.

▸ Le **contrat** est une ***convention*** seulement ***génératrice d'obligations***. Il constitue une « *espèce particulière de convention* » (Planiol).

Cette différenciation, au demeurant sans intérêt majeur, n'était guère maintenue par la doctrine ni par la pratique, qui employaient indifféremment les deux concepts. Le nouvel article 1101 définit désormais le contrat comme « *un* ***accord de volontés*** *entre deux ou plusieurs personnes destiné à* ***créer, modifier, transmettre*** *ou* ***éteindre*** *des obligations* ».

▶ La définition du contrat permet de le distinguer des **accords non créateurs d'obligations**, donc non obligatoires en principe : entraide familiale ou amicale, invitation mondaine, lettre d'intention (mais pour la lettre d'intention, l'article 2322 fait état d'un « engagement ») ou engagement d'honneur (mais la jurisprudence admet parfois que, dans certains cas, celui-ci engage : v. par exemple, Com., 9 juillet 2002, *D. aff.* 2002, p. 2327, obs. Lienhard, qui estime même que cet engagement donne naissance à une obligation de résultat).

2. La diversité des contrats

▶ Les parties peuvent poursuivre des **objectifs variés** :

- ***transférer une valeur*** d'un patrimoine dans un autre (la ***propriété*** : contrats de vente, d'échange, de donation ; une ***créance*** : la cession de créance) ;
- ***concéder*** à l'une d'elles ***l'utilisation d'un bien*** avec obligation de restitution (la location, le prêt à usage ou commodat) ;
- ***conserver une chose*** avec obligation de restitution (le dépôt) ;
- ***effectuer une activité*** (le contrat d'entreprise, le mandat) ;
- ***éteindre*** (ou abdiquer [acte abdicatif]), ***un droit*** : la remise de dette.

▶ Le **critère de qualification** retenu pour différencier ces contrats est celui du ***but principal*** poursuivi par les parties : par exemple, transférer la propriété d'une chose (contrat de vente) ou effectuer une prestation (contrat d'entreprise).
L'analyse des éléments constitutifs et des effets de ces contrats relève d'une autre étude : « les contrats spéciaux ».
La classification des contrats qui sera opérée dans les développements suivants consistera à ranger les types de contrats dans des **catégories**, celles-ci les soumettant à un régime juridique approprié. Ces classifications résultent soit du Code civil, soit de propositions doctrinales.

I. Les classifications légales

Certaines de ces classifications sont expressément énoncées par les articles 1105 à 1111-1. D'autres sont implicitement entérinées par le Code.

A– La classification fondée sur la réciprocité des obligations

Cette classification repose sur la distinction entre ***contrats synallagmatiques*** et ***contrats unilatéraux***.

1. La distinction

➜ Le contrat synallagmatique

Selon l'article 1106 al. 1er : « *Le contrat est synallagmatique lorsque les contractants s'obligent réciproquement les uns envers les autres.* »
La caractéristique du contrat synallagmatique (ou bilatéral) est qu'il fait naître des **obligations réciproques** (chacune des parties contractantes étant à la fois créancière et débitrice) et interdépendantes (chaque obligation servant de cause à l'autre). Par exemple, en matière de contrat de vente, si le vendeur s'oblige à livrer la chose, c'est parce que, corrélativement, l'acquéreur s'engage à en payer le prix. Autres exemples de contrats synallagmatiques : le louage de choses, le contrat de société, le mandat, le contrat de travail.

➜ Le contrat unilatéral

Aux termes de l'article 1106 al. 2, le contrat « *est unilatéral lorsqu'une ou plusieurs personnes s'obligent envers une ou plusieurs autres, sans qu'il y ait d'engagement réciproque de celles-ci* ».
Le contrat unilatéral **ne crée d'obligations qu'à la charge d'un seul contractant**. Chacun des contractants est, en effet, **uniquement créancier ou débiteur**. Par exemple, dans le prêt (contrat de restitution comme le dépôt), seul l'emprunteur est tenu d'une obligation (la restitution de la chose prêtée). Le prêteur est, lui, créancier sans cependant être tenu corrélativement d'une obligation. En effet, la remise de la chose par le prêteur, élément de formation du contrat réel qu'est le prêt (v. *infra*, les contrats réels), n'est aucunement par la suite objet d'une obligation. D'autres contrats que les contrats de restitution sont unilatéraux : la promesse de payer une somme d'argent, la donation, le cautionnement.

2. Le critère de la distinction

Le critère de la distinction réside dans **la réciprocité et l'interdépendance des obligations** des parties au contrat, et non pas dans le nombre d'obligations qu'une partie s'est engagée à exécuter, ni dans le nombre de contractants (il ne faut pas confondre le contrat unilatéral avec l'acte juridique unilatéral, v. chapitre 1, 2. A.).

3. L'atténuation de la distinction

▶ **Les parties** à un contrat unilatéral **ont toujours la possibilité de le rendre synallagmatique**. Ainsi, le dépôt gratuit, contrat unilatéral, se métamorphose en contrat synallagmatique si une rémunération est prévue à la charge du déposant et au profit du dépositaire (dépôt salarié).

▶ Discutable – car les obligations, si elles sont réciproques, ne sont pas interdépendantes – est, en revanche, la qualification de **contrats synallagmatiques imparfaits** donnée à la situation, intermédiaire entre les contrats synallagmatiques et les contrats unilatéraux, où ***un contrat unilatéral lors de sa formation donne naissance, en cours d'exécution, à une obligation à la charge du créancier***. Par exemple, en matière de dépôt gratuit, le dépositaire qui effectue des dépenses de conservation de la chose peut en obtenir le remboursement de la part du déposant.

4. Les intérêts de la distinction

Le régime juridique applicable aux contrats synallagmatiques et aux contrats unilatéraux diffère sur deux plans :

→ Quant au fond

En raison de l'interdépendance des obligations, le contrat synallagmatique est soumis à des règles particulières (v. chapitre 5, 2. : l'exception d'inexécution, la résolution, la théorie des risques).

→ Quant à la preuve

▶ Les **actes sous seing privé** qui contiennent des **conventions synallagmatiques** doivent être établis en autant d'originaux qu'il y a de parties ayant un intérêt distinct, et chaque original doit contenir la mention du nombre des originaux (art. 1375) : **formalité dite du double**.

▶ Le **contrat unilatéral** n'est pas soumis à cette exigence. Toutefois, les contrats unilatéraux qui comportent un engagement de payer une somme d'argent ou de livrer un bien fongible doivent contenir la mention écrite par celui qui souscrit cet engagement « *de la somme ou de la quantité en toutes lettres et en chiffres* » (art. 1376). En cas de différence, « *l'acte sous signature privée vaut preuve pour la somme écrite en toutes lettres* » (art. 1376).

B– Les classifications fondées sur le but poursuivi par les contractants

1. Contrat à titre onéreux et contrat à titre gratuit

➜ Le critère de la distinction

▸ Le **contrat à titre onéreux** est celui dans lequel chacune des parties « *reçoit de l'autre un* ***avantage en contrepartie*** *de celui qu'elle procure* » (art. 1107 al. 1er). Il se caractérise, en effet, par une ***réciprocité d'avantages***: par exemple, la vente, l'échange, le louage, le prêt à intérêts.

▸ Le **contrat à titre gratuit** est celui dans lequel l'une des parties entend ***procurer à l'autre « un avantage sans attendre ni recevoir de contrepartie »*** (art. 1107 al. 2), c'est-à-dire sans contrepartie: par exemple, la donation.
Le concept de contrat à titre gratuit recouvre celui de ***contrat de « bienfaisance »*** (art. 1105) ou contrat désintéressé, qui est réservé aux situations où ***un service est rendu sans rémunération***: le prêt à usage ou commodat (art. 1876), le prêt d'argent sans intérêt, le dépôt non salarié (art. 1917), le mandat non salarié (art. 1986).
Il ne faut pas confondre cette classification avec la précédente, malgré les termes équivoques de l'article 1107. En effet, ***un contrat synallagmatique est normalement à titre onéreux*** (par exemple, la vente), mais il ne l'est ***pas nécessairement*** (par exemple, la donation avec charge, art. 954). Un contrat unilatéral est soit à titre gratuit (par exemple, la donation), soit à titre onéreux (le prêt à intérêt).

➜ Les intérêts de la distinction

Outre un régime fiscal spécifique, les contrats à titre gratuit (qui sont des contrats *intuitu personae*) sont soumis à des règles spéciales d'incapacité (les donations).

2. Contrat commutatif et contrat aléatoire

Il s'agit d'une subdivision des contrats à titre onéreux.

➜ La distinction

▸ Le contrat est **commutatif** lorsque les obligations peuvent être évaluées lors de la formation du contrat, ces ***obligations*** étant ***certaines et déterminées***; la prestation que l'on s'engage à fournir est « *regardée comme l'****équivalent*** » de celle que l'on reçoit (art. 1108 al. 1er) : par exemple, la vente.

▶ Le contrat est **aléatoire** (art. 1108 al. 2) lorsque l'existence ou l'étendue des ***obligations*** ne peut être appréciée lors de la conclusion du contrat car elle ***dépend d'un événement futur et incertain*** (existence d'un aléa ou d'un hasard, v. anc. art. 1104 al. 2, qui faisait état de « *la chance de gain ou de perte* » : par exemple, le contrat d'assurance (art. 1964), le jeu et le pari (art. 1964), le contrat de vente moyennant rente viagère (art. 1964).

➜ Les intérêts de la distinction

▶ Les contrats commutatifs peuvent être rescindés pour **lésion** (déséquilibre objectif des prestations, v. chapitre 3, 3. B.), à la différence des contrats aléatoires (l'aléa excluant la lésion) : v. art. 889 à 892 à propos du partage.

▶ La loi dénie parfois l'**action en justice** pour obtenir l'exécution de certains contrats aléatoires (art. 1965 : jeu et pari ; v. chapitre 1, 1. B., l'obligation naturelle).

C– La classification fondée sur la durée d'exécution des obligations

Cette classification repose sur la distinction entre ***contrats instantanés*** et ***contrats successifs***.

1. La distinction

Cette classification est désormais expressément retenue par le Code civil (art. 1111-1).

➜ Le contrat instantané

Le contrat instantané (ou à exécution instantanée) est celui qui se caractérise par une **exécution immédiate**, en une « *prestation unique* » (art. 1111-1 al. 1er). On dit qu'il se réalise en ***un trait de temps***, par exemple, la vente ou la donation.

➜ Le contrat successif

Le contrat successif (ou à exécution successive) est celui dont **l'exécution des obligations** d'au moins un des contractants **se prolonge dans le temps** pour une ***durée qui peut être déterminée ou indéterminée*** (v. art. 1211 et 1212 à propos de cette durée) : par exemple, le louage de choses, le contrat de société, le contrat d'entreprise, le contrat de travail, la vente de choses à livrer.
Parmi les contrats successifs, la doctrine distingue :

- les **contrats à exécution successive *stricto sensu*** qui créent un ***rapport juridique permanent d'obligations***, comme le bail, le contrat d'assurance, le contrat de travail ;
- les **contrats à exécution échelonnée** qui donnent naissance à une ***répétition de prestations plus ou moins indépendantes*** : par exemple, la vente d'objets à livrer où

chacune des prestations pourrait être envisagée de manière distincte comme constituant autant de contrats différents mais où c'est ***l'opération d'ensemble*** qui est prise en compte; autres exemples: abonnement à un journal, fourniture de gaz et d'électricité (v. chapitre 5, 2. B., à propos des incidences de la résolution sur ces contrats). Désormais avec l'ordonnance de 2016, l'article 1111-1 définit le contrat à exécution successive comme « *celui dont les obligations d'au moins une partie s'exécutent en plusieurs prestations* ***échelonnées*** *dans le temps* ».

2. Les intérêts de la distinction

Le ***facteur temps***, juridiquement pris en considération dans les contrats à exécution successive, conduit à des règles particulières:

▶ La **résolution** (on parle de résiliation) du contrat opère **sans rétroactivité** (effet uniquement pour l'avenir; v. chapitre 5, 2. B.).

▶ Alors que les parties à un contrat ne peuvent pas, en principe, le rompre unilatéralement (v. art. 1103, chapitre 4, 1. A.), les contrats à exécution successive conclus pour une durée indéterminée peuvent être l'objet d'une **rupture unilatérale**: par exemple, la démission ou le licenciement en matière de contrat de travail.

▶ Le **déséquilibre des prestations** survenant en cours d'exécution d'un contrat à exécution successive suscite la question de sa **révision pour imprévision** (v. chapitre 4, 1. D.).

D– La classification fondée sur l'existence ou non d'une réglementation particulière

Cette classification repose sur la distinction entre ***contrats nommés*** et ***contrats innommés***.
L'article 1105 alinéa 1er fait une allusion à cette opposition.

1. La distinction

▶ Le **contrat nommé** est celui qui est ***désigné*** par la loi (ou le règlement) et dont le régime juridique est ***réglementé*** par elle de manière supplétive, voire impérative: par exemple, la vente (art. 1582 et s.).

▶ Le **contrat innommé** est celui ***non désigné ni réglementé*** par un texte (loi ou règlement). La pratique donne parfois un nom à ces contrats: par exemple, le contrat de déménagement, le contrat d'hôtellerie.

Lorsqu'un contrat innommé devient courant, souvent le législateur le réglemente pour remédier aux difficultés d'interprétation ou d'exécution : par exemple, la vente d'immeubles à construire (art. 1601-1 et s. et art. L. et R. 261-1 et s., C. constr. et hab.).

2. L'intérêt de la distinction

▶ L'intérêt semble en apparence limité car l'article 1105 alinéa 1er précise que « *les contrats, qu'ils aient ou non une dénomination propre, sont soumis à des règles générales, qui sont l'objet du présent sous-titre* » (consentement, capacité, objet, voire forme).

▶ L'intérêt réside en vérité dans le **régime juridique particulier applicable au contrat**. Pour les contrats nommés, le régime juridique étant fixé par la loi ou le règlement, sa détermination est alors aisée : par exemple, pour la vente, il suffit de se reporter aux articles 1582 et suivants. En revanche, pour les contrats innommés, la détermination du régime s'avère plus délicate.

E– La classification fondée sur la qualité de la personne du contractant

Cette classification repose sur la distinction entre ***contrats*** conclus ***avec ou sans intuitus personae***.
Cette classification est sous-entendue par le Code civil.

1. La distinction

▶ Le **contrat *intuitu personae*** se caractérise par la ***prise en considération***, sur le plan juridique, ***de la personne du cocontractant*** lors de la formation et de l'exécution du contrat : par exemple, le mandat, le contrat de travail.
L'*intuitus personae* peut être ***unilatéral*** ou ***bilatéral***.

▶ Le **contrat non *intuitu personae*** est le contrat dans lequel ***la qualité de la personne est*** habituellement ***indifférente***, l'aspect économique l'emportant sur l'aspect personnel : par exemple, la vente, l'échange.

2. Les intérêts de la distinction

Les contrats conclus *intuitu personae* sont soumis à des **règles propres**, par exemple :
- l'***erreur sur la personne*** est une cause de nullité du contrat (v. chapitre 3, 1. B.) ;
- le contrat disparaît, en principe, au ***décès*** du contractant.

F– La classification fondée sur les conditions de forme du contrat

Cette classification repose sur la distinction entre ***contrats consensuels, solennels*** et ***réels***. Le Code civil n'employait pas ces expressions, mais la classification se déduisait du rapprochement de divers articles du Code. Avec l'ordonnance de 2016, l'article 1109 fait expressément référence à cette distinction.

1. Le contrat consensuel

Le contrat consensuel est celui qui se forme par le **seul accord de volontés, sans formalité imposée** (art. 1109 al. 2 : « *par le seul échange des consentements quel qu'en soit le mode d'expression* »): par exemple, le contrat de vente qui se conclut par le simple échange des consentements sur la chose et le prix (les articles 1196 alinéa 1er et 1583 consacrent, en effet, le principe du ***consensualisme***, c'est-à-dire du transfert de propriété *solo consensu*, héritage du droit canon puis du droit laïc du xve siècle).

2. Le contrat solennel

À la rapidité de la conclusion des conventions est parfois préférée la **protection** des contractants. Le **formalisme** participe à cette protection en ce qu'il permet d'attirer l'attention des parties sur le contenu du contrat. Et la présence d'un tiers (le notaire) renforce la sécurité juridique et l'efficacité des transactions. Pour le contrat sous forme électronique, v. art. 1174 et suivants.

→ La notion de contrat solennel

Le contrat solennel (art. 1109 al. 2) est celui dont la validité suppose, outre l'accord de volontés, l'**accomplissement d'une formalité particulière**: la rédaction d'un **écrit** (un acte notarié ou authentique ou un acte sous seing privé). La ***sanction*** du non-respect de la forme est, en principe, la **nullité absolue**. On dit que ces formalités sont exigées *ad validitatem* ou *ad solemnitatem*.

→ L'exigence d'un acte authentique

▸ Le **Code civil** avait prévu **quatre contrats solennels** authentiques, c'est-à-dire, en l'espèce, notariés: la ***donation*** (art. 931), le ***contrat de mariage*** (art. 1394 et 1397), la ***subrogation conventionnelle consentie par le débiteur*** (art. 1250-2°), la ***constitution d'hypothèque*** (art. 2416). Avec la réforme de 2016, la subrogation conventionnelle consentie par le débiteur n'exige plus un acte authentique. Un acte sous seing privé suffit (art. 1346-2).

▶ Depuis l'entrée en vigueur du Code civil, le nombre de cas où un acte notarié est exigé s'est accru : par exemple, la vente d'immeubles à construire (art. L. 261-11, C. constr. et hab. : nullité relative) ; la location-accession à la propriété immobilière (art. 4 de la loi du 12 juillet 1984).

➜ L'exigence d'un acte sous seing privé

▶ La renaissance du formalisme se constate aussi par l'exigence de la rédaction d'un acte sous seing privé devant parfois comporter des **mentions légales informatives** : par exemple, le courtage matrimonial (art. 6 de la loi du 23 juin 1989), le contrat conclu « *hors établissement* » (art. L. 221-8, C. cons.), le contrat de promotion immobilière (art. L. 222-3, C. constr. et hab.), la vente du fonds de commerce (art. L. 141-1, C. Com : nullité relative et facultative).

▶ Allant plus loin dans l'exigence des formes, la loi impose quelquefois que la signature soit précédée d'une mention manuscrite de la personne qu'elle entend protéger (v. art. L. 331-1, C. cons., relatif à l'engagement de caution en matière de crédit ; rappr. art. L. 331-2 et L. 313-42, C. cons.).

➜ L'indifférence des formalités de preuve et de publicité quant à la qualification du contrat

▶ Aux cas où les formalités sont imposées *ad validitatem* (formalisme direct) s'opposent les situations où les formalités ne sont requises que pour la **preuve**, *ad probationem **(formalisme indirect)*** : v. art. 1363 et s.

▶ Elles s'opposent encore à la formalité de l'**enregistrement** (qui a pour effet de donner date certaine à un acte « *à l'égard des tiers* », v. art. 1377), dont l'absence n'entraîne le plus souvent (outre l'inopposabilité de la date) que des sanctions fiscales (v. cependant art. 1840 A, CGI, qui prévoit la nullité absolue des promesses unilatérales sous seing privé de ventes d'immeubles ou de fonds de commerce non enregistrées dans les dix jours de leur acceptation).

▶ Elles s'opposent enfin à la **publicité légale informative** (publicité foncière, registre du commerce et des sociétés, registres de l'Institut national de la propriété industrielle), qui a pour unique mais fondamental but de rendre l'acte publié ***opposable aux tiers***. Cette publicité participe à la ***sécurité des transactions*** (v. art. 30.1 du décret du 4 janvier 1955 relatif à la ***publicité foncière*** selon lequel, entre deux acquéreurs successifs d'un même immeuble ayant contracté avec le même vendeur, préférence est donnée à celui qui a fait transcrire le premier son contrat).

3. Le contrat réel

→ La notion de contrat réel

▶ Le contrat réel (art. 1109 al. 3) est celui dont la validité suppose, **outre l'accord de volontés**, la **remise d'une chose**. Sont des contrats réels : les contrats de restitution que sont le prêt à usage ou commodat (art. 1875), le prêt de consommation (art. 1892), le dépôt (art. 1919).
La jurisprudence considère que le ***don manuel*** qui opère transfert de propriété d'un bien mobilier par simple remise (« tradition ») de la main à la main est un contrat réel.

▶ La remise de la chose est de ***l'essence du contrat réel***. De ce fait, **condition de validité du contrat**, la remise n'est pas ensuite l'objet d'une obligation ou d'une exécution (v. *supra*, les contrats unilatéraux). En l'absence de remise de la chose, le contrat est nul, de ***nullité absolue***.

→ La critique de la notion de contrat réel

▶ L'analyse classique qui vient d'être exposée a été critiquée par une partie de la doctrine, qui l'a considérée comme archaïque et inexacte. Selon certains auteurs, il serait en effet possible de concevoir **le prêt**, par exemple, comme un **contrat consensuel synallagmatique**, le prêteur s'engageant à remettre la chose, l'emprunteur s'obligeant corrélativement à la restituer. La remise de la chose ne serait plus, dans cette conception, une condition de formation du contrat mais le ***premier acte d'exécution*** de celui-ci, à l'instar du bail qui est un contrat consensuel.

▶ Et il est vrai que s'agissant du **prêt de consommation**, des brèches ont été ouvertes dans la conception classique. La Cour de cassation a, en effet, d'abord estimé que « ***les prêts régis par les articles L. 312-7 et s. du Code de la consommation*** (crédits immobiliers consentis par un professionnel du crédit à un consommateur ou à un non-professionnel) ***n'ont pas la nature de contrat réel*** » (Civ. 1re, 27 mai 1998, *D.* 1999, 194, note Bruschi), puis, plus généralement, que « ***le prêt consenti par un professionnel du crédit*** [en l'espèce à un professionnel] ***n'est pas un contrat réel*** » (Civ. 1re, 28 mars 2000, *D.* 2000, 482, note Piedelièvre ; Civ. 1re, 5 juillet 2006, *Bull. civ.* I, n° 358). Seule demeure la qualification de contrat réel pour les ***prêts de consommation conclus entre particuliers***. (v. Civ. 1re, 7 mars 2006, *JCP* 2006, II, 10109, note Piedelièvre).
Cette nouvelle qualification permet au bénéficiaire du prêt d'exiger l'exécution du contrat consensuel synallagmatique et de réclamer ainsi le versement de la somme convenue lors du contrat, le contrat étant formé sans remise de la

chose. L'évolution jurisprudentielle pose la question du maintien à terme de la qualification de contrat réel pour le prêt à usage et les autres contrats réels (sauf le don manuel, qui ne se conçoit pas sans la remise préalable d'une chose). Le gage, contrat réel, est devenu en 2006, un contrat solennel (v. art. 2336).

G– Contrat de gré à gré et contrat d'adhésion

1. La distinction

▶ Le **contrat de gré à gré** (ou contrat négocié) est le contrat dans lequel ***les clauses sont l'objet d'une discussion*** (sont « *librement négociées* » selon l'article 1110 alinéa 1er) ***entre les contractants***: par exemple, le contrat de vente.

▶ Le **contrat d'adhésion** (art. 1110 al. 2) est celui dans lequel l'une des parties (qui bénéficie d'une supériorité économique ou position dominante) fixe à l'avance le contenu du contrat (« *les conditions générales* » selon l'article 1110 alinéa 2), l'autre partie (économiquement faible) n'ayant que le « choix » ***d'accepter en bloc le contrat ou de ne pas contracter***: par exemple, le contrat de transport avec la SNCF, les contrats de fournitures avec EDF-GDF, le contrat d'assurance.

2. L'intérêt de la distinction

▶ La situation équilibrée qui préside entre les parties dans le contrat de gré à gré ne nécessite pas particulièrement l'intervention du législateur pour les protéger.

▶ En revanche, en raison du **déséquilibre entre les contractants** (inégalité de puissance économique), le contrat d'adhésion exige une telle intervention du législateur, au moins dans certaines situations. Est alors édictée une ***législation impérative*** (ordre public de protection) ***du contenu de certains contrats*** pour la protection du plus faible (en droit de la consommation, en droit des assurances, par exemple). De plus, ***les juridictions interprètent*** ces contrats dans un sens favorable à la partie la plus faible, en dégageant par exemple des obligations à la charge du partenaire le plus puissant (***obligation de sécurité de résultat*** dans le contrat de transport de personnes, v. chapitre 1, 2. C. ; ***obligation d'information***, v. chapitre 3, 1. B.).

H– Contrat cadre et contrats d'application

Le nouvel article 1111 procède à la classification que suggérait la doctrine entre le contrat cadre et les contrats d'application.

Le contrat cadre est « *un accord par lequel les parties conviennent* ***des caractéristiques générales*** *de leurs relations contractuelles futures.* »
Les contrats d'application « *en* ***précisent les modalités*** *d'exécution.* »
Sur l'intérêt de la distinction, v. chapitre 3, III. A.

II. La classification doctrinale

Depuis l'entrée en vigueur du Code civil et en raison de l'évolution des rapports juridiques et économiques entre les contractants, la doctrine avait proposé d'autres classifications dont certaines ont été incluses dans le Code civil par la réforme de 2016 (contrat de gré à gré et contrat d'adhésion, contrat cadre et contrats d'application). Demeure la distinction doctrinale contrat individuel-contrat collectif.

Cette distinction est liée à la question de l'effet des contrats (v. chapitre 4, 2.).

▸ Le **contrat individuel** ne produit ***d'effet qu'entre les parties*** contractantes : par exemple, le contrat de vente.

▸ Le **contrat collectif** produit effet non seulement entre les parties contractantes mais ***aussi à l'égard des tiers*** qui, bien qu'ils n'aient pas consenti personnellement, seront liés par l'acte : par exemple, les conventions collectives de travail (art. L. 2221-1 et s., C. trav.) ordinaires ou susceptibles d'extension, les accords collectifs de location (art. 41 *ter* et s., loi du 23 décembre 1986).
Il ne faut pas confondre les contrats collectifs avec les ***actes unilatéraux collectifs*** par lesquels se manifestent les volontés d'une pluralité de personnes poursuivant un ***but commun*** ou ayant une ***communauté d'intérêts*** (par exemple, les décisions majoritaires des assemblées générales de copropriétaires ou d'associés de sociétés commerciales).

La formation du contrat

L'article 1128 dispose que sont nécessaires à la validité d'un contrat : 1° le **consentement** des parties ; 2° leur **capacité** de contracter ; 3° un **contenu** licite et certain. Depuis la réforme de 2016, la cause n'est pas citée contrairement à l'ancien article 1108. Cependant, en faisant référence à la « ***contrepartie*** » à propos du contrat à titre onéreux, l'article 1169 envisage la cause (v. chapitre 2, I. B ; sur la forme du contrat, v. chapitre 2, 1. F.). L'absence de l'un de ces éléments constitutifs conduit à l'annulation du contrat.

I. Le consentement

1. L'autonomie de la volonté

→ Le principe

Le principe de l'autonomie de la volonté a son origine chez les canonistes (respect de la parole donnée) et chez les philosophes du XVIIIe siècle (Rousseau, Kant et les physiocrates [« laissez faire, laissez passer »]). Elle signifie que la **volonté individuelle** est la source de tous les droits subjectifs. Découlent de ce principe le ***consensualisme***, la ***liberté contractuelle*** (contracter ou non), la ***force obligatoire du contrat***, celui-ci étant nécessairement juste (v. Fouillée : « qui dit contractuel, dit juste »).

→ La remise en cause du principe

Sous l'influence des doctrines sociales et du réalisme économique, l'individualisme juridique a subi, au cours du XXe siècle, des **atteintes directes ou indirectes** : multiplication des ***lois impératives*** d'ordre public qui imposent la conclusion d'un contrat (par exemple, l'assurance automobile) ou qui réglementent son contenu (par exemple, les contrats d'assurance, de travail) ; édiction de lois de ***protection du consommateur*** prohibant les clauses abusives (v. *infra*) ou exigeant des formalités (v. chapitre 2, 1. F.) ou de lois favorisant les débiteurs en difficulté financière (par exemple, sur le ***surendettement*** et le « ***rétablissement personnel*** » des particuliers, v. art. L. 711-1 et s., C. cons.) ; outre la jurisprudence prenant en considération la ***bonne foi*** dans la formation et dans l'exécution du contrat, par exemple.

2. Définition du consentement

Le consentement est **l'accord de deux ou plusieurs autres volontés** en vue de **créer des effets juridiques**.
La volonté interne, élément purement psychologique, ne produit des conséquences de droit que par son ***extériorisation*** (la volonté est déclarée).
Le consentement doit ***exister*** (donc il ne doit pas émaner d'un individu atteint d'un ***trouble mental*** au moment de l'acte, v. art. 414-1 : « *Pour faire un acte valable, il faut être sain d'esprit* » et art. 1129 « *il faut être sain d'esprit pour consentir valablement à un contrat* ») et être intègre, c'est-à-dire ***non altéré par un vice du consentement*** (erreur, dol, violence).

A– L'existence du consentement

L'accord de volontés suppose que deux manifestations de volonté (une offre et une acceptation) se rencontrent.

1. L'offre

➜ La notion d'offre

▸ L'offre (ou pollicitation) est la **manifestation de volonté** (acte juridique unilatéral) par laquelle une personne (l'offrant ou pollicitant) propose de manière ***ferme*** (c'est-à-dire exprime « *la volonté de son auteur d'être lié en cas d'acceptation* » : art. 1114) à une ou plusieurs autres (le ou les destinataires) la conclusion d'un contrat déterminé à des ***conditions déterminées***.

▸ L'offre doit ainsi réunir les caractères de **fermeté** (absence de ***réserves subjectives*** comme l'agrément du cocontractant dans les contrats *intuitu personae*, v. chapitre 2, 1. E. ; les ***réserves objectives*** telles que vente « jusqu'à l'épuisement du stock » n'ont pas d'incidences sur la qualification d'offre) et de ***précision*** (elle doit porter sur les ***éléments essentiels du contrat*** : la chose et le prix, dans la vente). En l'absence de ces caractères, on serait en présence d'une ***invitation à entrer en pourparlers*** ou en négociation comme l'exprime l'article 1114 (comme « conditions à débattre ») ou d'un ***appel d'offres*** (« vente au plus offrant » : le prix doit être l'objet d'une proposition de la part du destinataire).

➜ Les modalités de l'offre

▸ L'offre peut être **expresse** (par l'écrit, la parole, le geste) ou **tacite** (résulter d'une situation ou d'un comportement non équivoque : par exemple, le chauffeur de taxi faisant stationner celui-ci sur un emplacement réservé, ou le locataire restant dans les lieux à l'expiration du bail [art. 1738]).

▸ L'offre peut être **adressée** à une ou ***plusieurs personnes déterminées*** ou au ***public*** (par petites annonces). L'offre faite par un ***professionnel***, par ***voie électronique***, doit énoncer divers éléments (par exemple, les différentes étapes à suivre pour conclure le contrat) : art. 1127-1.

➜ La révocation de l'offre

Plusieurs situations se présentent :

▸ L'offre peut être « *librement rétractée* » (art. 1115) tant qu'elle n'est **pas parvenue à son destinataire**.

▸ Lorsque le pollicitant a assorti son offre d'un **délai exprès** ou **tacite**, la jurisprudence estimait qu'il doit la maintenir pendant ce délai. À défaut, il engageait sa responsabilité délictuelle (dommages-intérêts, voire conclusion forcée du contrat [solution controversée]). C'est ce que confirme le nouvel article 1116 qui dispose que « *l'offre **ne peut être rétractée avant l'expiration du délai fixé** par son auteur.* »

▸ Lorsqu'***aucun* délai** n'a été stipulé, la doctrine enseignait que le pollicitant était ***libre de révoquer l'offre faite au public***. En revanche, l'offre proposée ***à une personne déterminée*** devait être ***maintenue dans un délai raisonnable*** (le « délai moral »), variant selon la nature du contrat, les circonstances ou les usages (en cas de non-respect : condamnation de l'offrant à des dommages-intérêts seulement).
Sans distinguer selon que l'offre est faite au public ou à une personne déterminée, l'article 1116 indique désormais que **l'offre ne peut être rétractée avant l'expiration « *d'un délai raisonnable* ».**
En matière de ***contrat sous forme électronique***, l'auteur de l'offre « *reste **engagé** par elle tant qu'elle est accessible par voie électronique **de son fait*** » (art. 1127-1 al. 2).

➜ La caducité de l'offre

La caducité est l'état d'un acte juridique valable mais qui est privé de toute effectivité en raison de la survenance d'un événement postérieur à sa formation.

Les **causes de caducité** de l'offre sont: l'***expiration du délai*** accordé au destinataire (art. 1117), le ***décès du pollicitant*** et l'***incapacité de l'offrant***.

2. L'acceptation

➜ La notion d'acceptation

▶ L'acceptation est la **manifestation de volonté** (acte juridique unilatéral) émanant du destinataire de l'offre qui agrée purement et simplement celle-ci (v. art. 1118 « *manifestation de volonté de son auteur d'être* ***lié*** *dans les termes de l'offre* »).

▶ Si le destinataire de l'offre modifie les termes de celle-ci en faisant une **contre-proposition**, le contrat n'est pas formé (art. 1118 al. 2). S'engagent alors des ***pourparlers*** qui ne conduisent pas nécessairement à la conclusion d'un contrat. La **rupture des pourparlers** est **libre** mais elle engage la ***responsabilité délictuelle*** de son auteur si elle intervient ***de manière fautive*** (par exemple, le fait de rompre sans motif légitime des pourparlers avancés alors que l'on a entretenu son partenaire dans l'illusion de la conclusion d'un accord).

▶ Le contrat définitif peut se former par **étapes ou seuils** (théorie de la *punctation*), c'est-à-dire d'abord sur les éléments essentiels du contrat (la chose et le prix dans la vente), puis sur les éléments accessoires (les modalités de paiement du prix), v. *infra* l'accord de principe.

➜ Les modalités de l'acceptation

▶ L'acceptation peut être **expresse** (exprimée par écrit, paroles, geste [foires, ventes aux enchères publiques]) ou **tacite** (résulter de l'exécution des obligations: v. art. 1985 al. 2 en matière de mandat). En matière de ***contrat sous forme électronique***, l'acceptation n'est exprimée que par la ***confirmation de la commande*** (formalité dite du « double-clic ») : art. 1127-2.

▶ En principe, **le silence ne vaut pas acceptation**: « *qui ne dit mot ne consent pas* » (Civ., 25 mai 1870, *D. P.* 1870, 1, 257: « *en droit, le silence de celui qu'on prétend obligé ne peut suffire* ***en l'absence de toute autre circonstance****, pour faire preuve contre lui de l'obligation alléguée* »). Solution jurisprudentielle confirmée par l'article 1120. Toutefois, ce principe connaît des **exceptions**. On parle alors de ***silence circonstancié*** ou silence-adhésion. Ces exceptions sont ***légales*** (v. art. 1738 et 1759 en matière de tacite reconduction du bail; art. L. 112-2 al. 5, C. assur., en matière de modification du contrat d'assurance) ou ***jurisprudentielles*** (existence de **relations** d'**affaires** antérieures entre les parties, d'**usages** professionnels ou commerciaux, ou en cas d'offre faite dans l'« intérêt exclusif » du destinataire comme une offre de remise de dette : v. art. 1120).

➜ La rétraction de l'acceptation

Tant que l'acceptation n'est pas parvenue à l'offrant, elle peut être « ***librement rétractée*** *pourvu que la rétractation parvienne à l'offrant avant l'acceptation* » (art. 1118 al. 3).

3. Les contrats préparatoires

La conclusion du contrat définitif est souvent précédée de la rédaction d'accords partiels (appelés parfois « avant-contrats »).

➜ L'accord de principe

L'accord de principe est une convention par laquelle les parties **s'engagent à poursuivre des négociations** sur la base des points figurant dans l'accord. Il ne crée ***aucune obligation de conclure*** (comme le dit l'article 1112 « *l'initiative, le déroulement et la rupture des négociations précontractuelles sont libres* ») le contrat définitif mais seulement une **obligation précontractuelle de négocier de bonne foi** (art. 1112 al 1er, bonne foi qui conduit à un **devoir d'information** de l'autre partie s'agissant d'une information déterminante du consentement : art. 1112-1), dont l'inexécution est sanctionnée par la condamnation à des ***dommages-intérêts*** (responsabilité contractuelle) et non à la conclusion du contrat définitif. Sur la bonne foi, voir aussi l'article 1104 qui dispose que « *les contrats doivent être* ***négociés, formés*** *et* ***exécutés*** *de* ***bonne foi*** ».

➜ La promesse unilatérale de contrat

▶ La promesse unilatérale de contrat est une convention par laquelle une personne (le promettant) **s'engage** envers une autre (le bénéficiaire), qui accepte, **à conclure** un contrat déterminé à des conditions déterminées **si le bénéficiaire lève l'option pendant le délai fixé** ou un délai raisonnable : par exemple, les promesses unilatérales de vente ou d'achat d'un immeuble (sur la forme de ces promesses, v. chapitre 2, 1. F.) : article 1124.

▶ La promesse unilatérale a la **nature juridique d'un contrat** (accord de volontés du promettant et du bénéficiaire) **unilatéral** (seul le promettant a l'obligation de conclure le contrat envisagé si le bénéficiaire « lève l'option », la « levée de l'option » étant pour le bénéficiaire une simple faculté).

▶ La promesse peut être assortie d'une clause de dédit ou clause d'**indemnité d'immobilisation**, celle-ci étant destinée à compenser le préjudice subi par le promettant du fait de ne pas vendre le bien pendant le délai.

▸ La **révocation de la promesse** pendant le temps laissé au bénéficiaire pour opter n'empêche pas la formation du contrat promis (art. 1124 al. 2). Et le contrat qui serait conclu en violation de la promesse unilatérale avec un tiers qui « *en connaissait l'existence* » (art. 1124 al. 3) serait nul.

➜ Le pacte de préférence

Le pacte de préférence est le contrat unilatéral par lequel une personne (le promettant) promet à une autre (le bénéficiaire), qui accepte, **de lui proposer en priorité** un contrat déterminé dans le cas où le promettant se déciderait (pure éventualité) ultérieurement à conclure un tel contrat : art. 1123.
Par exemple, en matière de cession de titres sociaux (actions), le pacte de préférence (ou convention de préemption) permet de cimenter l'actionnariat dans les sociétés de capitaux.

➜ La promesse synallagmatique de contrat

▸ La promesse synallagmatique de contrat est un **contrat synallagmatique** par lequel deux ou plusieurs autres personnes **s'engagent réciproquement** à conclure un contrat: par exemple, le promettant s'engage à vendre un immeuble, le bénéficiaire s'obligeant à l'acheter (situation fréquente en pratique, où les parties signent d'abord une telle promesse, improprement appelée « compromis », comportant notamment une condition suspensive d'obtention d'un prêt, v. chapitre 8, 1. B.).

▸ La promesse synallagmatique produit le **même effet que le contrat définitif**: en matière de vente, l'article 1589 alinéa 1er dispose, en effet, que « *la promesse de vente vaut vente, lorsqu'il y a consentement réciproque des deux parties, sur la chose et le prix* ». La réitération ultérieure d'une vente d'immeuble dans un acte authentique n'est opérée qu'aux fins de publicité foncière (v. chapitre 2, 1. F.).

4. La rencontre des consentements

Le contrat est formé dès que l'acceptation rencontre l'offre. Mais des facteurs de complication peuvent se présenter dans certaines situations:

➜ La remise en cause d'un contrat formé

▸ L'article 1122 dispose que la loi ou le contrat peuvent prévoir un **délai de réflexion** ou un **délai de rétractation**. Cet article donne la définition de ces délais : le **délai de réflexion** est « *le délai avant l'expiration duquel le destinataire de l'offre **ne peut manifester son acceptation*** » ; le **délai de rétractation** est celui « *avant l'expiration duquel son bénéficiaire peut **rétracter son consentement*** ».

▶ Le **droit de la consommation** présente de multiples exemples où la partie supposée la plus faible (le consommateur) bénéficie d'un droit de rétractation discrétionnaire (appelé parfois en doctrine **droit de « *repentir* »**), c'est-à-dire de la faculté de revenir sur son engagement, art. L. 312-24, C. cons. (crédit à la consommation, délai de sept jours) ; autres cas : contrats conclus hors établissement (délai de sept jours ; art. L. 210-10, C. cons.) par exemple.

▶ Ce délai de rétractation (qui suppose un contrat formé) ne doit pas être confondu avec le **délai de réflexion** (par exemple, dix jours en matière de crédit immobilier, art. L. 313-34 al. 2, C. cons.) octroyé avant formation du contrat.

▶ La rétractation peut avoir une origine contractuelle. Le contrat conclu comporte une **clause de dédit**. Ainsi, dans la vente avec **arrhes** (somme d'argent versée au moment de la conclusion du contrat), chacun des contractants peut se « *départir* » de son engagement (v. art. 1590). Les arrhes ne doivent pas être confondues avec l'***acompte***, qui constitue une avance sur le prix (exécution partielle du contrat). Afin d'éviter les difficultés d'interprétation, la loi présume parfois que « *les sommes versées d'avance sont des arrhes* » (v. art. L. 214-1 al. 1er, C. cons.).

→ Les conditions générales

L'article 1119 al. 1er dispose que « *les conditions générales invoquées par une partie n'ont d'effet à l'égard de l'autre que si elles ont été* ***portées à la connaissance*** *de celle-ci et si elle les a* ***acceptées.*** » S'il y a discordance entre les **conditions générales et les conditions particulières**, les secondes l'emportent sur les premières (art. 1119 al. 3)

→ Les contrats conclus entre personnes non présentes

Le contrat conclu **par correspondance** (lettre, télégramme, courriel par exemple) pose les questions de la détermination du moment et du lieu de conclusion du contrat. Le contrat conclu **par téléphone** soulève l'unique question du lieu de formation du contrat.

▶ Les intérêts de la **détermination du moment** de la formation du contrat sont variés : par exemple, le contrat est, en principe, régi par ***la loi en vigueur*** au moment de sa formation, la publication d'une loi nouvelle étant sans incidence sur le contrat formé ; les ***conditions de validité*** du contrat s'apprécient au moment de sa formation ; lorsque le contrat est translatif de propriété (vente d'un corps certain), ***les risques*** sont à la charge de l'acquéreur (si le contrat est formé) ou du vendeur (avant conclusion du contrat) si la chose est détruite par cas fortuit.

Les intérêts de la **détermination du lieu** de formation du contrat sont, en revanche, limités : ne demeurent plus que, sur le plan du ***droit interne***, la ***compétence*** du conseil de prud'hommes (v. art. R. 1412-1 al. 3, C. trav.), et, en ***droit international privé***, la détermination de la ***loi applicable*** au contrat (*locus regit actum*).

▸ La ***doctrine classique*** liait les questions du moment et du lieu de formation de la convention. Elle avait proposé deux systèmes comportant chacun deux variantes :

- le **système de l'émission** (de l'acceptation), se déclinant en un système de la ***déclaration de volonté*** (le contrat est formé dès que l'acceptation est émise) et un système de ***l'expédition*** (formation du contrat lorsque la lettre d'acceptation est envoyée) ;
- le **système de la réception** (de l'acceptation), se subdivisant en un système de la ***réception*** *stricto sensu* (formation de l'acte dès que l'acceptation parvient à l'offrant) et le système de l'***information*** (formation du contrat par la connaissance réelle et non plus supposée de l'acceptation par l'offrant).

La **doctrine moderne** dominante propose une dissociation des questions du moment (système retenu, celui de la réception *stricto sensu*) et du lieu (système de l'émission) de formation du contrat.

▸ Les solutions de la **Cour de cassation** sont fluctuantes. La Haute juridiction avait d'abord considéré que la détermination du moment et du lieu de formation du contrat était une ***question de fait*** dont la solution dépendait des circonstances de la cause. Puis, lorsqu'elle s'est décidée à prendre parti, elle a fait prévaloir tantôt le système de la ***réception***, tantôt celui de l'***émission*** (v. Com., 7 janvier 1981, *Bull. civ.* IV, n° 14, qui, selon la doctrine dominante, établirait la jurisprudence : système de l'émission de l'acceptation). L'article 1121 dispose désormais que « *le contrat est conclu* ***dès que l'acceptation parvient à l'offrant****. Il est réputé l'être au lieu où l'acceptation est parvenue* » (système de la **réception de l'acceptation**). En matière de contrat sous forme électronique, l'article 1127-2 opte pour la théorie de l'émission de l'acceptation.

→ La représentation

La représentation est la technique juridique par laquelle une personne (le représentant) conclut un contrat pour le compte d'une autre personne (le représenté) dans le patrimoine de laquelle se produisent les effets de droit.

▸ Les **sources du pouvoir** (l'habilitation à représenter) du représenté sont diverses (rappr. chapitre 1, 2. A., le cas de la représentation spontanée : la gestion d'affaires). La représentation peut être ***légale*** (les incapables mineurs ou majeurs sont représentés par l'administrateur légal ou le tuteur), ***judiciaire*** (un époux peut être habilité par justice à représenter son conjoint hors d'état de manifester sa volonté : art. 219 al. 1er, art. 1426 al. 1er) ou ***conventionnelle*** (le ***mandat*** :

art. 1984 et s.). Le ***mandat apparent*** constitue une source autonome d'obligation. En effet, en l'absence de tout pouvoir légal, judiciaire ou conventionnel (ou en cas de dépassement ou de détournement de pouvoirs), la jurisprudence, en cas de bonne foi du cocontractant (***croyance légitime*** quant à l'étendue des pouvoirs du mandataire), admet que le mandant est engagé sur le fondement d'un mandat apparent (Cass., Ass. plén., 13 décembre 1962, *JCP* 1963, II, 13105, note Esmein). Les articles 1153 et suivants instaurent des règles générales de la représentation.

▶ Les **effets de la représentation** varient selon le type de représentation. Lorsque la représentation est ***parfaite*** (le tiers sachant que le représentant a contracté au nom et pour le compte du représenté), toutes les conséquences de droit se produisent dans le patrimoine du représenté (art. 1154 al. 1er). Lorsque la représentation est ***imparfaite*** (le tiers ignorant que le représentant agit pour le mandant), elle ne produit ses pleins effets que lorsque le représentant ***transfère*** au représenté les droits et obligations du contrat conclu avec le tiers (art. 1154 al. 2).

→ Le contrat avec soi-même

▶ Le concept correspond à ***deux situations***:

- dans une première situation (dite de **représentation simple**), une personne agit en deux qualités, d'une part comme représentant, et d'autre part, pour son compte personnel (par exemple, chargée de vendre un bien, elle l'achète) ;
- dans une seconde situation (dite de **représentation double**), le représentant intervient en cette qualité pour deux personnes (par exemple, l'une l'ayant chargé de vendre le bien, l'autre de l'acheter).

▶ Le contrat avec soi-même (surtout lorsqu'il prend la forme de la représentation simple où le mandataire se porte acquéreur) risquant d'apparaître comme un mécanisme dangereux, la loi a établi des **prohibitions particulières**, ***interdisant à certains mandataires de se rendre adjudicataires*** des biens qu'ils sont chargés de vendre (v. art. 1596). Et la Cour de cassation considère que « *le mandataire qui se livre, à l'insu de son client, à des opérations de contrepartie, commet un dol* » (Civ., 10 décembre 1912, *D. P.* 1914, 1, 97, note Lacour). L'article 1161 est en ce sens lorsqu'il indique qu'« *un représentant ne peut agir pour le compte de deux parties au contrat ni contracter pour son propre compte avec le représenté.* » À défaut, l'acte accompli serait **nul** sauf autorisation de la loi ou si le représenté l'a « *autorisé ou **ratifié*** ».

B– L'intégrité du consentement

▸ Pour être juridiquement valable, le consentement doit être **éclairé** (donné en connaissance de cause), c'est-à-dire ne pas avoir été vicié par une erreur spontanée ou provoquée (dol) qui altère la lucidité du consentement, et **libre**, c'est-à-dire ne pas avoir été donné sous la contrainte (la violence qui engendre cette contrainte altérant la liberté du consentement). C'est ce qu'exprimait l'article 1109, qui disposait : « *il n'y a point de consentement valable, si le consentement n'a été donné que par **erreur**, ou s'il a été extorqué par **violence** ou surpris par **dol*** ». Le nouvel article 1130 confirme que « *l'erreur, le dol et la violence vicient les consentements lorsqu'ils sont de telle nature que sans eux, l'un des parties n'aurait pas contracté ou aurait contracté à des conditions substantiellement différentes.* »

▸ Les vices du consentement conduisent à une **analyse psychologique** (le caractère déterminant du vice s'apprécie, en effet, « *eu égard aux personnes et aux circonstances dans lesquelles le consentement a été donné* » : art. 1130 al. 2), à la différence de la lésion (déséquilibre objectif des prestations), qui entraîne une ***analyse économique*** de l'objet du contrat.

1. L'erreur spontanée

L'erreur consiste en une **appréciation erronée de la réalité** qui incite une personne à conclure un contrat (discordance entre la croyance de celui qui se trompe et la réalité même douteuse [Civ. 1re, 22 février 1978, *D.* 1978, 601, note Malinvaud, affaire « Poussin »]). Mais, afin d'assurer la sécurité des transactions, toutes les erreurs n'entraînent pas la nullité du contrat.

➜ Les erreurs juridiquement prises en considération

▸ L'**erreur obstacle**, qui selon la doctrine classique entraîne la nullité absolue, voire l'inexistence, est l'erreur qui procède d'un « malentendu » (Planiol) ; elle est d'une gravité telle qu'elle fait obstacle à la rencontre des volontés : il peut s'agir d'une erreur ***sur la nature du contrat*** (on entend vendre un bien, l'autre partie a seulement l'intention de le louer), ou d'une erreur ***sur l'objet du contrat*** (l'un des contractants veut vendre telle parcelle, l'autre croit acquérir telle autre). La Cour de cassation est encline à retenir la nullité absolue de l'acte (v. par exemple, Civ. 3e, 15 avril 1980, *Bull. civ.* III, n° 73), solution critiquée par la doctrine moderne qui préconise la nullité relative.

▸ L'**erreur sur la substance** de la chose qui en est l'objet peut être une erreur de droit ou de fait. Il existe deux conceptions de la notion de substance :

- une **conception objective**, qui considère que la substance est le matériau dont est formée la chose (exemple de Pothier: des chandeliers en bronze doré au lieu de chandeliers en or) ;
- une **conception subjective**, selon laquelle la substance désigne les ***qualités substantielles*** de la chose, celles qui ont été déterminantes du consentement: ancienneté d'un meuble, authenticité d'une œuvre d'art, constructibilité d'un terrain. Cette seconde conception, retenue par la jurisprudence (Civ., 28 janvier 1913, *S.* 1913, 1, 487) et par l'article 1132 qui fait état des « ***qualités essentielles*** *de la prestation due* », conduit à s'interroger sur l'**appréciation judiciaire** du caractère essentiel de la qualité. Sur ce point, deux ***modalités*** existent: l'***appréciation*** **in abstracto** (telle qualité est-elle considérée comme essentielle dans l'opinion commune?) et l'***appréciation*** **in concreto** (telle qualité particulière a-t-elle déterminé le cocontractant?). En réalité, ces deux conceptions se complètent. En effet, lorsque l'erreur alléguée a porté sur une qualité considérée comme essentielle par l'opinion commune, la preuve est facilitée; lorsque l'erreur porte sur une qualité plus particulière, le contractant doit démontrer qu'il a recherché cette qualité et qu'il a informé l'autre partie (cette qualité a dû entrer dans le champ contractuel).

  L'article 1133 alinéa 1er précise que « *les qualités essentielles de la prestation sont celles qui ont été* ***expressément ou tacitement convenues*** *et en considération desquelles les parties ont contracté.* »

▶ L'***erreur sur la personne*** n'est une cause d'annulation du contrat que lorsqu'elle porte sur les qualités essentielles du co-contractant (art. 1132) : erreur sur les qualités essentielles de la personne (identité physique ou civile, honorabilité, compétence) dans les contrats *intuitu personae* (v. chapitre 2, 1. E.), c'est-à-dire « *les contrats conclus en considération de la personne* » (art. 1134).

➜ Les erreurs inopérantes

Les **erreurs indifférentes** quant à la **validité** du contrat sont:

- l'***erreur sur la substance*** lorsque ***le contrat est aléatoire*** (Civ. 1re, 24 mars 1987, *Bull. civ.* I, n° 105: affaire du tableau *Le Verrou* attribué à Fragonard) : art. 1133 al. 2 ;
- l'erreur sur les ***qualités non essentielles*** de la chose;
- l'erreur ***sur la personne*** lorsqu'elle ne porte pas sur les qualités essentielles ;
- l'***erreur sur la valeur*** (erreur d'évaluation de l'objet du contrat) : art. 1136 ;
- l'***erreur sur le motif*** (la raison personnelle) qui a conduit le contractant à s'engager (par exemple, acheter un appartement dans une ville où l'on pense être muté), ***sauf si le motif a été incorporé au contrat*** comme condition par une stipulation expresse (v. par exemple, Civ. 1re, 13 février 2001, *Bull. civ.* I, n° 31;

Civ. 3e, 24 avril 2003, *Bull. civ.* III, n° 82) jurisprudence entérinée par l'article 1135 alinéa 1er (rappr. art. 1135 al. 2) ;
- l'***erreur purement matérielle*** (par exemple, erreur de ***calcul***), qui sera seulement corrigée;
- l'***erreur inexcusable***, même lorsqu'elle porte sur les qualités essentielles de la chose ou de la personne (appréciation *in concreto*, selon les capacités et qualités personnelles de celui qui se trompe). Est ainsi sanctionné le manquement du contractant à l'***obligation de se renseigner*** (par exemple, cas de l'architecte qui se trompe sur la constructibilité du terrain qu'il achète).

2. L'erreur provoquée (le dol)

→ Précisions terminologiques

Le dol (art. 1137) est une **tromperie** destinée à provoquer sciemment une erreur chez le partenaire afin de le déterminer à conclure le contrat, à « *obtenir le consentement de l'autre par des **manœuvres** ou des **mensonges*** » (art. 1137).

→ Les rapports entre le dol et l'erreur spontanée

La nullité pour erreur provoquée ne fait pas double emploi avec la nullité pour erreur spontanée. En effet :
- ***le domaine du dol est plus large*** que celui de l'erreur car ***des erreurs spontanées indifférentes sont retenues*** lorsqu'elles sont provoquées : par exemple, l'erreur sur les motifs, l'erreur sur la valeur de la prestation, l'***erreur inexcusable*** (Civ. 3e, 21 février 2001, *Bull. civ.* III, n° 20 : « *la réticence dolosive [...] rend toujours excusable l'erreur provoquée* ») : art. 1139 ;
- ***la preuve du dol est plus facile*** car celui-ci se ***matérialise***, en principe, dans des actes externes, alors que l'erreur spontanée est purement psychologique;
- la nullité pour dol peut être accompagnée d'une condamnation de son auteur à des ***dommages-intérêts*** (le dol est aussi un ***délit civil***).

→ Les éléments du dol

L'élément matériel se caractérise par l'existence de « **manœuvres** » (art. 1137 al. 1er). Ce terme recouvre les ***machinations***, ***mises en scène*** et ***artifices*** de toutes sortes tendant à surprendre le consentement.

Cette notion avait été interprétée de manière extensive puisque le **mensonge isolé** (non accompagné d'actes extérieurs) pouvait être constitutif de dol, ce que confirme le nouvel article 1137 alinéa 1er. Tous les mensonges ne sont cependant

pas répréhensibles (distinction entre le ***dolus bonus***, simple exagération habituelle dans le commerce, et le ***dolus malus***, guidé par la mauvaise foi).
L'élargissement de la notion se caractérisait encore par l'**assimilation de la réticence au mensonge** (passage de l'erreur provoquée à l'erreur exploitée) : connaître une information pertinente et ne pas la communiquer (ce qui constitue un manquement à l'obligation de contracter ***de bonne foi***). Le nouvel article 1137 alinéa 2 considère qu'est un dol « *la* ***dissimulation intentionnelle*** *par l'un des contractants d'**une information dont il sait le caractère déterminant** pour l'autre partie.* » Cependant, cette obligation d'information ne pèse pas sur l'acquéreur, même professionnel : (Civ. 1re, 3 mai 2000, affaire *Baldus*, *JCP* 2001, II, 10510, note Jamin ; Civ. 3e, 17 janvier 2007, *Bull. civ.* III, n° 5). Cette jurisprudence ne semble pas abandonnée par le nouvel article malgré les termes de celui-ci. Cette ***obligation générale précontractuelle d'information***, d'essence *jurisprudentielle*, est parfois renforcée par des ***obligations légales spéciales*** d'information et de renseignement imposées aux professionnels (par exemple : art. L. 111-1, C. cons.).
L'élargissement de la notion de dol comporte des **limites**. Il ***ne saurait y avoir de dol sans erreur*** : l'existence de pressions morales est insuffisante à constituer un dol (Civ. 1re, 10 juillet 1995, *D.* 1997, 20 ; rappr. Colmar, 2e ch. civ., 30 janvier 1970, *JCP* 1971, II, 16609, note Loussouarn).
Sur l'**abus frauduleux de l'état d'ignorance d'autrui** (v. art. L. 121-8 à L. 121-10, C. cons., et art. 223-15-2, C. pén.).

▶ **L'élément psychologique.** L'erreur provoquée doit avoir été **déterminante**, c'est-à-dire que sans les « manœuvres », les mensonges ou dissimulations, l'autre partie n'aurait pas contracté (appréciation judiciaire ***in concreto*** du caractère déterminant). La doctrine distingue le **dol principal**, qui entraîne l'annulation, et le **dol incident** (celui sans lequel le contrat aurait tout de même été conclu mais à des conditions différentes), qui entraîne une révision du contrat (v. Civ. 3e, 22 juin 2005, *Petites affiches*, n° 17, 24 janvier 2006, p. 9, note Théron).
L'auteur du dol doit avoir agi **intentionnellement** (dans le dessein de tromper autrui). Il ne saurait y avoir de dol par imprudence (on trompe autrui parce que l'on s'est trompé soi-même).
Enfin, le dol peut **émaner de l'une des parties** de son **représentant,** d'un **gérant d'affaires**, d'un **préposé** ou d'un **porte-fort** du contractant, voire d'un « ***tiers de connivence*** » (art. 1138).

➜ Les sanctions du dol

Le dol peut être prouvé, par tous moyens. Il entraîne l'***annulation*** du contrat (v. *infra*) et la condamnation de l'auteur à des ***dommages-intérêts*** (responsabilité délictuelle).

3. La violence

➜ Précisions terminologiques

La violence (art. 1140 et s.) est la **contrainte** exercée sur une personne pour l'amener à donner son consentement.
Ce n'est pas la violence elle-même qui, à proprement parler, constitue un vice de consentement, mais la crainte qu'elle inspire à la victime.

➜ Les éléments de la violence

▸ **Matériellement**, la violence recouvre toutes les **menaces** ou **pressions** qui exposent la « *personne* », sa « *fortune* » ou ses proches (art. 1140) à un « *mal considérable* » d'ordre ***physique***, ***moral*** ou ***pécuniaire***. La violence doit être **illégitime**, c'est-à-dire contraire au droit (argument tiré de l'article 1141). Par conséquent, la menace d'exercice d'une ***voie régulière de droit*** (assignation, saisie, plainte) ne constitue pas une violence, sauf **abus** (obtention d'avantages excessifs).

▸ Sur le **plan psychologique**, la violence doit avoir été **déterminante** du consentement. La crainte doit donc être ***contemporaine*** de la formation du contrat (v. art. 1140, « *lorsqu'une partie **s'engage** sous la pression...* »), et l'acte de violence doit présenter une ***certaine gravité*** (art. 1140, « *mal ... considérable* » : appréciation *in concreto*). La violence peut être dirigée ***contre le cocontractant*** lui-même ou ***contre ses proches*** (art. 1140).

▸ S'agissant de l'**origine de la violence**, celle-ci peut émaner du cocontractant ou d'un tiers (art. 1142). Mais la violence peut encore découler d'événements : exploiter l'état de nécessité dans lequel se trouve une personne pour obtenir un ***avantage manifestement excessif*** constitue la violence. La Cour de cassation a considéré que « *la **contrainte économique** se rattache à la violence et non à la lésion* » (Civ. 1re, 30 mai 2000, *D.* 2000, 879, note Chazal) : par exemple, transaction ou contrat de travail comportant des clauses désavantageuses acceptées sous la pression des circonstances économiques (***abus de situation***). L'article 1142 indique désormais expressément qu'il y a violence lorsqu'une partie abuse de « *l'**état de dépendance** dans lequel se trouve le contractant* » (v. aussi à propos de l'***abus de la faiblesse d'autrui*** : art. L. 121-8 à L. 121-10, C. cons., art. 223-15-2, C. pén. ; et de l'***abus de position économique*** : art. L. 420-2, C. Com.).

➜ Les sanctions de la violence

Outre l'**annulation** du contrat, la victime peut demander la condamnation de l'auteur de la violence à des **dommages-intérêts** (***responsabilité délictuelle***).

II. La capacité

La capacité de contracter est l'une des conditions « *nécessaires* » à la « *validité d'un contrat* » du contrat (art. 1128).

▶ La capacité est l'**aptitude d'une personne à être titulaire de droits (*capacité de jouissance*) et à les exercer (*capacité d'exercice*)**.

▶ La capacité relève de l'étude du droit des personnes. Le principe est la capacité de contracter, l'incapacité constituant l'exception (art. 1145).

▶ La capacité des **personnes morales** est limitée aux **actes utiles** à la réalisation de leur **objet** tel qu'il est défini dans leurs statuts et aux actes qui leur sont accessoires (art. 1145 al. 2).

L'article 1146 énumère les **personnes incapables** (incapacité générale d'exercice) de contracter (sauf pour des **actes courants** « *conclus à des **conditions normales*** » : art. 1148) : les ***mineurs non émancipés*** et les ***majeurs protégés*** « *au sens de l'article 425* ». Il existe enfin des ***incapacités spéciales de jouissance*** portant ***interdiction*** pour certaines personnes de conclure certains actes (v. art. 1596, 1597).

III. L'objet

1. L'objet, support du consentement

Le **consentement, condition nécessaire** pour la validité d'une convention, est cependant insuffisant à lui seul à rendre parfait celle-ci. Il doit être accompagné de ces **supports** que sont l'**objet** (appelé désormais « *contenu* » dans l'article 1128, 3°) et la **cause** qui ne figure pas expressément dans l'article 1128 mais que l'on discerne au travers de la « *contrepartie* » (art. 1169).

2. Précisions terminologiques

L'objet (art. 1163) est susceptible de deux acceptions :

- l'**objet du contrat**, qui est l'***opération juridique*** envisagée par les contractants (le transfert de propriété, dans la vente) ;
- l'**objet de l'obligation** (née du contrat), qui peut être défini comme ce à quoi est tenu le débiteur (la prestation) : donner (si cette obligation existe effectivement, v. chapitre 1, 2. B.), faire ou ne pas faire. Par exemple, livrer la chose et payer le prix

dans la vente, contrat synallagmatique qui fait naître deux objets différents. Dans cette acception, on entend encore par objet ***la chose elle-même***.

L'objet de l'obligation doit présenter certains caractères, et il doit être équilibré.

A– Les caractères de l'objet

1. La détermination de l'objet

➜ La détermination de la prestation

L'article 1163 dispose que l'objet doit être « *déterminé ou déterminable* ». Sera ainsi, par exemple, **déterminée** une clause de non-concurrence limitée dans le temps, dans l'espace et quant à l'activité exercée.
S'agissant du caractère **déterminable** de la prestation, l'article 1163 alinéa 3 apporte une indication : la prestation est déterminable : « *lorsqu'elle peut être **déduite du contrat*** » ou « *par référence aux **usages** ou **aux relations antérieures** des parties* » à condition qu'un « *nouvel accord* » des parties ne soit pas nécessaire.
Enfin, l'article 1166 fixe la solution lorsque la **« *qualité* » de la prestation** n'est pas déterminée ou déterminable. Dans ce cas, le débiteur doit offrir une prestation de qualité « *conforme aux attentes légitimes des parties en considération de sa nature, des usages et du montant de la contrepartie.* »

➜ Application à divers contrats

▸ S'agissant du **contrat de vente**, l'article 1591 dispose que « *le prix de la vente doit être déterminé et désigné par les parties* ». L'article 1592 précise qu'« *il peut cependant être laissé à l'arbitrage d'un tiers* ». La jurisprudence admet même qu'« *il suffit, pour la formation de la vente, que le prix puisse être déterminé, en vertu des clauses du contrat, par voie de relation avec des éléments qui ne dépendent plus de la volonté, ni de l'une ni de l'autre des parties* » (Req. 7 janvier 1925, *D. H.* 1925, 57).

▸ S'agissant des **contrats de distribution**, la question de la détermination du prix a été plus délicate. La pratique a fait naître des ***contrats-cadres*** (par exemple, entre les compagnies pétrolières et les pompistes de marque, entre les brasseurs et les débitants de boissons), aux termes desquels le distributeur s'engage à s'approvisionner exclusivement auprès d'un fournisseur pendant une certaine durée (dix ans maximum), à des prix fixés par un tarif ultérieur. Le contrat-cadre définit les conditions essentielles des futurs **contrats d'application**. Pour ***annuler ces contrats-cadres*** pour indétermination du prix – à partir des années 1970 –, la Cour de cassation avait retenu successivement ***divers fondements*** non pertinents :

d'abord ***l'article 1591*** (mais qui est relatif à la vente), puis, à partir de 1978, ***l'article 1129*** (mais qui faisait référence à la « chose », non au prix).

Enfin, par ***quatre arrêts de l'Assemblée plénière*** en date du ***1er décembre 1995*** (*JCP* 1996, II, 22565, concl. Jéol, note Ghestin), la Cour a considéré, au visa des anciens articles 1134 et 1135, que ***l'indétermination du prix des contrats ultérieurs dans la convention initiale*** « *n'affecte pas, sauf dispositions légales particulières, la **validité** de celle-ci, **l'abus** dans la fixation du prix ne donnant lieu qu'à **résiliation** ou **indemnisation*** » (déplacement de la sanction de la période de formation [annulation] à la période d'exécution du contrat [résiliation et/ou responsabilité contractuelle]). Elle a, en outre, précisé que « ***l'article 1129** du Code civil n'est **pas applicable à la détermination du prix*** ».
Le nouvel article 1164 alinéa 1er dispose que dans les **contrats cadre**, « *il peut être convenu que le prix sera fixé unilatéralement par l'une des parties, à charge pour elle d'en motiver le montant en cas de contestation* », consacrant ainsi la jurisprudence précitée tout en ajoutant une **obligation de motivation** du montant en cas de contestation. Enfin, l'alinéa 2 dudit article, conforme aussi à cette jurisprudence ajoute qu'« *en **cas d'abus dans la fixation du prix**, le juge peut être saisi d'une demande tendant à obtenir des dommages et intérêts et le cas échéant la résolution du contrat.* »
Seule demeure incertaine la ***question des critères de l'abus*** (v. Civ. 1re, 21 janvier 1997, *D.* 1997, 414, note Jamin ; Civ. 1re, 30 juin 2004, *D.* 2005, 1828, note Mazeaud).

▶ Enfin, à propos des « ***contrats de prestation de services*** », l'article 1165 précise qu'à défaut d'accord des parties avant leur exécution, le prix peut être fixé par le créancier mais à charge pour lui « *d'en **motiver le montant** en cas de contestation* ». Et en cas d'abus dans la fixation du prix, le juge peut alors être saisi d'une demande en dommages-intérêts.

2. La possibilité de l'objet

La prestation doit être possible (« *à l'impossible, nul n'est tenu* »). Mais l'impossibilité doit être **absolue** et non relative pour le débiteur de l'obligation.

▶ Lorsque **la chose matériellement n'existe pas ou plus** (v. art. 1601 : vente d'une chose périe en totalité) avant la conclusion du contrat, celui-ci est nul de nullité absolue. Mais les **choses futures** peuvent être l'objet d'une obligation, ce que confirme l'article 1163 alinéa 1er qui dispose que « *l'obligation a pour objet une prestation présente ou **future*** », par exemple la vente d'un immeuble à construire (art. 1601-1 à 1601-4).

▶ L'impossibilité peut être **juridique** (vente de la chose d'autrui, art. 1599 : nullité relative, que seul l'acquéreur peut invoquer).

3. La licéité de l'objet

→ L'objet doit être dans le commerce

L'article 1128 disposait qu'*« il n'y a que les choses qui sont dans le commerce qui puissent être l'objet des conventions »*.

Sont **hors du commerce**, par exemple, le ***corps humain*** (v. art. 16-5), l'***état*** et la ***capacité des personnes***, les ***substances vénéneuses***, les ***stupéfiants***, les ***armes de guerre***, les ***biens du domaine public***. Jusqu'à une période récente (Civ. 1re, 7 novembre 2000, *JCP* 2001, II, 10452, note Vialla), la jurisprudence considérait que la cession des ***clientèles civiles*** était hors du commerce juridique en raison du caractère très personnel de l'activité exercée (rôle prépondérant de l'*intuitus personae*). Il était en revanche possible soit de présenter un successeur à la clientèle moyennant finance (Civ. 1re, 2 janvier 1968, *D.* 1969, 177, note Savatier), soit de céder les parts sociales lorsque la profession libérale était exercée sous forme sociétaire. Désormais, la cession de clientèle (médicale, en l'espèce) « *à l'occasion de la constitution ou de la cession d'un fonds libéral d'exercice de la profession* » est licite à condition que « *soit sauvegardée la liberté de choix du patient* » (v. aussi Civ. 1re, 19 novembre 2002, *Bull. civ.*, I, n° 277 ; Civ. 1re, 30 juin 2004, *Bull. civ.* I, n° 195).

→ L'objet ne doit pas être contraire à l'ordre public et aux bonnes mœurs

Il s'agit de l'application de l'article 6. L'ordre public peut prendre le visage de l'**ordre public classique** (protégeant les valeurs fondamentales de l'État, de la personne, de la famille), l'**ordre public économique de direction** (réglementation des changes, de la monnaie, de la concurrence) ou l'**ordre public économique de protection** (tendant à protéger la partie supposée la plus faible : les consommateurs, les salariés, les assurés, les locataires).

B– L'équilibre de l'objet

L'équilibre économique de l'objet est assuré par la prohibition de la lésion et des clauses abusives.

1. L'équivalence des prestations

Avec la réforme de 2016, la lésion n'est plus visée sous cette appellation. L'article 1168 fait désormais référence au « ***défaut d'équivalence des prestations*** ». Il dispose que « *dans les **contrats synallagmatiques**, le défaut d'équivalence des prestations **n'est pas une cause de nullité** du contrat, à moins que la loi n'en dispose autrement.* »

➜ Précisions terminologiques

Le défaut d'équivalence des prestations constitue un préjudice économique subi par l'un des contractants.

➜ La nature juridique du déséquilibre des prestations

▶ Les rédacteurs du Code civil avaient placé la lésion (art. 1118) à la suite des vices du consentement car ils estimaient qu'elle constituait un vice de la volonté (elle ferait présumer une erreur).

▶ La Cour de cassation, de manière constante (v. Req. 28 décembre 1932, *D. P.* 1933, 1, 87, rapp. Dumas), considèraient la lésion comme un **déséquilibre purement objectif** des prestations, indépendant de tout vice du consentement.
Avec la réforme de 2016, la jurisprudence est confirmée, le défaut d'équivalence des prestations conduit à une **appréciation judiciaire purement objective**.

➜ Le domaine du défaut d'équivalence

▶ Les **cas où le défaut d'équivalence sont pris en considération par le Code civil** sont : la lésion de plus des 7/12e dans la ***vente d'immeuble*** subie par le vendeur (art. 1674) et la lésion de plus du quart subie par un copartageant dans le ***partage*** (art. 889). Mais il existe de nombreuses ***lois postérieures*** (v. par exemple : loi du 8 juillet 1907 modifiée en matière de vente d'engrais, lésion de plus du quart au détriment de l'acheteur ; loi du 7 juillet 1967, art. 15 : en matière d'assistance et de sauvetage maritime, *« si les conditions convenues ne sont pas équitables »*).

En dehors de tout fondement textuel, la jurisprudence a reconnu aux juges du fond le pouvoir de ***réduire*** les ***honoraires excessifs des mandataires et agents d'affaires (« lésion jurisprudentielle »)***.

▶ Enfin, les actes conclus par les mineurs non émancipés et les majeurs protégés sont visés par le Code civil.

➜ Les sanctions du défaut d'équivalence

▶ Le déséquilibre, qui doit être prouvé, est **apprécié** par le juge **au moment de la formation du contrat.**

▶ La sanction est, dans certains cas, la **rescision** du contrat, c'est-à-dire son annulation. Mais la rescision peut être parfois ***évitée*** si le bénéficiaire du déséquilibre (la lésion selon encore certains autres textes du Code civil) paie ***« le supplément du juste prix »*** (art. 1681), ou le « complément de part » (art. 889), ce qui revient à une révision du contrat.

Dans d'autres cas (par exemple, en matière de vente d'engrais, d'assistance maritime), le contrat n'est pas annulable, seule une **révision** du prix est possible.

2. L'équilibre des clauses contractuelles : la prohibition des clauses abusives

Le déséquilibre de l'objet peut résulter encore de l'existence de clauses abusives.

➜ La définition des clauses abusives

L'article L. 212-1 alinéa 1er du Code de la consommation expose la définition : « *Dans les* ***contrats conclus entre professionnels et consommateurs****, sont abusives les clauses qui ont pour* ***objet*** *ou pour* ***effet*** *de créer,* ***au détriment du non-professionnel ou du consommateur****, un* ***déséquilibre significatif*** *entre les droits et obligations des parties au contrat* ». L'article L. 212-1 du Code de la consommation précise qu'il est également applicable « *aux contrats conclu* ***entre des professionnels et des non-professionnels*** ».
Le ***critère retenu*** est ***purement objectif***: le déséquilibre significatif entre les droits et obligations des parties.
Le **caractère abusif** s'apprécie **au moment de la conclusion du contrat** (art. L. 212-1 al. 2, C. cons.) et quels que soient **la forme ou le support** du contrat (bons de commande, factures, bons de garantie… : art. L. 212-1 al. 6). Et cette appréciation ne peut porter ni sur la définition de l'objet principal du contrat, ni sur l'adéquation du prix ou de la rémunération au bien vendu ou au service offert (afin d'éviter l'admission d'une remise en cause généralisée), pour autant que les clauses soient rédigées de façon claire et compréhensible : art. L. 212-1 al. 3, C. cons. Ces dispositions sont d'ordre public (art. L. 212-3).

➜ Les personnes protégées

Il s'agit du consommateur ou non-professionnel.
La **définition du non-professionnel ou consommateur** a évolué. La Cour de cassation avait d'abord retenu une ***notion compréhensive*** du consommateur en considérant comme tel même un ***professionnel d'une autre spécialité*** que son contractant car il se trouvait « ***dans le même état d'ignorance*** *que n'importe quel autre consommateur* » (Civ. 1re, 28 avril 1987, *D.* 1988, 1, note Delebecque). Puis elle avait estimé que n'était pas un consommateur celui qui concluait un contrat de fournitures dont l'objet a « *un* ***rapport direct*** *avec l'activité professionnelle exercée* » (Civ. 1re, 24 janvier 1995, *D.* 1995, 327 ; Civ. 1re, 3 et 30 janvier 1996, *D.* 1996, 228, note Paisant). Mais dans un arrêt postérieur, la Cour de cassation avait abandonné cette formule incertaine et retenu une conception plus étroite encore du consommateur : la ***législation*** protectrice n'avait ***pas vocation à***

s'appliquer aux contrats conclus entre professionnels (Civ. 1re, 17 novembre 1998, *Contrats, conc., cons.* 1999, n° 21, obs. Leveneur). Enfin, dans des décisions postérieures, la Haute juridiction était revenue au critère du « ***rapport direct*** *avec l'activité professionnelle exercée* » (par exemple, Civ. 1re, 5 mars 2002, *Contrats, conc., cons.* 2002, n° 118, obs. Leveneur; Civ. 1re, 27 septembre 2005, *Contrats, conc. cons.* 2005, n° 215).

Et il avait été jugé que la législation sur les clauses abusives protégeait le consommateur ou non-professionnel tant ***personne physique*** que ***personne morale*** (Civ. 1re, 15 mars 2005, *Bull. civ.* I, n° 135; *contra* CJCE 22 novembre 2001, *JCP* 2002, II, 10047, note Paisant).

Depuis des réformes de 2016 et 2017 du Code de la consommation, l'article liminaire de ce Code donne les **définitions du consommateur** (« *toute personne physique qui agit à des fins qui n'entrent pas dans le cadre de son activité commerciale, industrielle, artisanale, libérale ou agricole* »), du **non-professionnel** « *toute personne morale qui n'agit pas à des fins professionnelles* » et du **professionnel** (« *toute personne physique ou morale, publique ou privée, qui agit à des fins entrant dans le cadre de son activité commerciale, industrielle, artisanale, libérale ou agricole, y compris lorsqu'elle agit au nom et pour le compte d'un autre professionnel [mandataire]* »).

Les personnes qui ne peuvent plus se prévaloir des dispositions sur les clauses abusives peuvent recourir au **droit commun** : art. 1171 qui fait aussi référence au « *déséquilibre significatif* ».

➜ La sanction des clauses abusives

► Les clauses abusives sont **réputées non écrites**. Le ***contrat demeure*** applicable dans ses autres stipulations s'il peut subsister sans lesdites clauses.

► Deux ***organes*** sont susceptibles de déclarer abusive une clause :

- **Le pouvoir réglementaire :** des ***décrets en Conseil d'État***, pris ***après avis de la Commission des clauses abusives***, déterminent une liste de clauses présumées abusives de manière irréfragable (« *eu égard à la gravité des atteintes qu'elles portent à l'**équilibre du contrat*** » art. L. 212-1, al. 4, C. cons.) ou d'autres jusqu'à preuve du contraire (art. L. 212-1 al. 5, C. cons).
- **Le juge :** devant la carence du pouvoir réglementaire, le juge s'est octroyé le ***pouvoir de déclarer abusive une clause en dehors de tout décret*** (Civ. 1re, 14 mai 1991, *D.* 1991, 449, note Ghestin), solution implicitement confirmée par la loi du 1er février 1995 (v. art. L. 212-1, C. cons.). Une place importante est réservée aux

associations de consommateurs dans la lutte judiciaire contre les clauses abusives (v. art. L. 621-1 et s., C. cons.), notamment par des actions de groupe.

IV. La contrepartie et le but

La cause était l'une des conditions essentielles du contrat (anc. art. 1108) : « *L'obligation sans cause, ou sur une fausse cause, ou sur une cause illicite, ne peut avoir aucun effet* » (anc. art. 1131).
Un virulent débat doctrinal avait opposé, aux XIXe et XXe siècles, les ***causalistes*** (dont Capitant) et les ***anticausalistes*** (dont Planiol), ces derniers faisant valoir que la notion était inutile et se confondait avec le consentement ou avec l'objet lui-même. La doctrine avait finalement admis une conception ***dualiste*** de la cause : la ***conception classique*** (cause objective) complétée par la ***conception dite moderne*** (cause subjective).
Avec la réforme de 2016, la cause disparaît en tant que telle des textes. Cependant, on peut se demander si elle ne renaît pas sous d'autres appellations. Ainsi, l'article 1162 fait référence au **« *but* » du contrat** qui semble correspondre à la **cause subjective** (« *le contrat ne peut déroger à l'ordre public ni par ses stipulations, ni par son but, que ce dernier ait été connu ou non par toutes les parties* »). Et l'article 1169 relatif au contrat à titre onéreux fait référence à **la contrepartie** (la **cause objective** de naguère) en disposant qu'un tel contrat est nul « *lorsque, au moment de sa formation, la contrepartie convenue au projet de celui qui s'engage est **illusoire ou dérisoire*** ». Aussi, les analyses antérieures relatives à la cause paraissent, pour l'essentiel, demeurer valables.

A– Analyse conceptuelle

1. La conception classique

▶ Dans la théorie classique (exposée par Domat), la cause est le **but particulier immédiat** poursuivi par les parties. Celui-ci est toujours identique pour un même type de contrat. La cause immédiate est qualifiée ***cause objective*** ou ***abstraite***, ou ***cause de l'obligation***.

▶ Appliquée, par exemple, aux **contrats synallagmatiques**, cette conception expose que la cause de l'obligation de chacune des parties réside dans l'obligation de l'autre : la ***contrepartie*** attendue de l'autre contractant (le vendeur s'engage à livrer la chose parce que l'acheteur promet de payer le prix, et réciproquement). Dans les contrats à titre gratuit, la cause est l'intention libérale.

▶ Dans cette théorie, la cause ne peut être **ni illicite ni immorale** car les motivations personnelles des contractants sont inopérantes. Seul l'***objet*** de l'obligation peut être affecté de ces défauts.

2. La conception moderne de la cause

La théorie moderne de la cause envisage, en revanche, celle-ci de manière **subjective** ou concrète. Elle prend en considération les **motifs ou mobiles** (cause lointaine) qui ont déterminé les parties à contracter : ***la cause est dite impulsive et déterminante***. C'est la ***cause du contrat*** qui peut varier d'une convention à l'autre.

B– Analyse fonctionnelle

1. Le rôle de la cause objective (« la contrepartie »)

▶ La cause envisagée de manière objective joue un **rôle de protection individuelle** des parties. Les tribunaux contrôlent que chaque obligation est justifiée par une **obligation correspondante** (dans les contrats synallagmatiques), et annulent par conséquent pour absence totale ou partielle de contrepartie les conventions dont la ***contre-prestation est inexistante ou dérisoire*** (par exemple, révélation d'une succession par un généalogiste à un héritier alors que celui-ci allait avoir normalement connaissance de l'existence de cette succession ; vileté du prix en matière de vente moyennant rente viagère lorsque la valeur vénale de l'immeuble excède dans de notables proportions le montant de la rente ; révision des honoraires des mandataires et agents d'affaires lorsqu'ils ne sont pas proportionnels au service rendu). Le même contrôle est opéré s'agissant de la ***fausse cause***. L'article 1163 précité fait référence à la « *contrepartie* » qui serait « *illusoire* » ou « *dérisoire* ».

▶ La contrepartie qui doit exister au stade de la formation du contrat doit perdurer au stade de l'exécution (idée de **permanence de la contrepartie**, v. chapitre 5, 2. : l'exception d'inexécution et la résolution du contrat).

▶ Ce rôle de protection a été renforcé par la Cour de cassation qui, au-delà des prestations contractuelles elles-mêmes, prend en considération **l'utilité et l'intérêt économique** que le contrat peut présenter pour les parties ou l'une d'elles (Civ. 1re, 3 juillet 1996, *D.* 1997, 500, note Reigné ; Com. 15 février 2000, *Bull. civ.* IV, n° 29 : en matière d'indivisibilité entre deux contrats, rappr. art. L. 313-44, C. cons. (le contrat de prêt peut être suspendu par le tribunal lorsque le contrat principal est contesté judiciairement) ; v. aussi Com., 22 octobre 1996, *D.* 1997, 121, note Sériaux, arrêt *Chronopost*, v. chapitre 5, 1. D.). Cette jurisprudence autorise le juge à établir un véritable ***contrôle de l'économie du contrat*** (recherche d'une

équivalence réelle des prestations réciproques), ce qui implique une certaine subjectivisation de la cause.
En prévoyant que « *toute clause qui prive de sa substance l'**obligation essentielle** du débiteur est réputée non licite* », l'article 1170 consacre la jurisprudence Chronopost (v. aussi l'article 1186 al. 2).

2. Le rôle de la cause subjective (le « but »)

La cause envisagée de manière subjective joue un rôle de **protection de l'ordre social**. L'ancien article 1131 disposait que « *l'obligation* [...] *sur une cause illicite, ne peut avoir aucun effet* » et l'ancien article 1133 précisait que « ***la cause est illicite**, quand elle est **prohibée par la loi**, quand elle est contraire aux bonnes mœurs ou à l'ordre public* ». C'était par le **contrôle des mobiles ou motifs** que le juge assurait le respect de la licéité et de la moralité. L'appréciation judiciaire de la licéité ou de la moralité est évolutive. La Cour de cassation, revenant sur sa jurisprudence antérieure, avait ainsi considéré que « *n'est pas contraire aux bonnes mœurs la cause de la libéralité dont l'auteur entend maintenir la relation adultère qu'il entretient avec le bénéficiaire* » (Civ. 1re, 3 février 1999, *Bull. civ.* I, n° 43 et Cass., Ass. plén., 29 octobre 2004, *JCP* 2005, II, 10111, note Chabas).
Procédant à un revirement de jurisprudence, sur une autre question, la Cour de cassation avait considéré qu'en matière de contrat à titre onéreux, « *un contrat peut être annulé pour cause illicite ou immorale, **même lorsque l'une des parties n'a pas eu connaissance du caractère illicite ou immoral du motif déterminant** de la conclusion du contrat* » (Civ. 1re, 7 octobre 1998, *D.* 1998, 563, concl. Sainte-Rose).
L'article 1162 précité dispose que « *le contrat ne peut déroger à l'ordre public ni par ses stipulations, ni par son **but**, que ce dernier ait été **connu ou non de toutes les parties*** ».

V. La sanction des conditions de formation du contrat

Le non-respect des conditions essentielles de validité du contrat est sanctionné par la **nullité** (outre la responsabilité civile délictuelle) : article 1178 alinéa 1er. L'annulation doit (sauf cas de nullité facultative) être prononcée par le juge (mais les parties peuvent constater la nullité d'un « ***commun accord*** » : article 1178 alinéa 1er). Selon une certaine doctrine, l'acte auquel manque un élément constitutif essentiel à sa formation devrait être considéré comme inefficace même en l'absence de textes et de toute intervention du juge (**théorie de l'inexistence**).
Il ne faut pas confondre la nullité et la **caducité**. Alors que dans le premier cas, il

manque au contrat un élément essentiel, dans le second cas, le contrat a été valablement formé mais « ***l'un de ses éléments essentiels disparaît*** » (art. 1186 al. 1er).

A– Les différentes catégories de nullité

1. La nullité absolue

La nullité absolue est encourue lorsque **l'une des conditions fondamentales d'existence du contrat fait défaut**. Elle sanctionne particulièrement les **atteintes portées à l'intérêt général** (ordre public politique et ordre public économique de direction). C'est ce qu'exprime le nouvel article 1179 alinéa 1er : « *La nullité est absolue lorsque la règle violée a pour objet la sauvegarde de l'intérêt général.* »

➜ Les cas de nullité absolue

La nullité absolue sanctionne :

- le contrat ***dépourvu d'objet*** ou qui a un ***objet impossible***, ***illicite*** ou ***immoral*** ;
- le contrat fondé sur un ***but illicite ou immoral*** ;
- le ***non-respect des conditions de forme*** imposées *ad solemnitatem*, v. chapitre 2, 1. F. ;
- les ***incapacités de jouissance-sanctions*** (v. par exemple, art. 450 al. 3).

➜ La qualité pour agir

Le droit d'invoquer la nullité absolue est largement attribué. Il appartient à **tout intéressé** (art. 1180), c'est-à-dire :

- à ***l'une et l'autre des parties*** (et, à leur décès, à leurs ayants cause universels) ;
- aux ***ayants cause particuliers*** ;
- aux ***créanciers chirographaires*** ;
- au ***ministère public*** « *pour la défense de l'ordre public* » (art. 423, CPC) ;
- au ***juge***, qui peut relever d'office la nullité absolue même lorsque celle-ci n'intéresse pas l'ordre public (art. 12 al. 1er et 16, CPC) ;
- à l'***autorité administrative*** dans certains cas (par exemple, en matière d'urbanisme).

➜ La prescription

▶ L'action en annulation d'un contrat atteint de nullité absolue se prescrit par **cinq ans** à compter du jour où le titulaire du droit a connu ou aurait dû connaître les faits lui permettant de l'exercer (art. 2224).

▶ L'**exception de nullité** (moyen de défense) est, en revanche, **perpétuelle** (« *Quae temporalia sunt ad agendum perpetua sunt ad excipiendum* »), ce qui permet, même après l'expiration du délai de cinq ans, d'***empêcher l'exécution forcée*** d'un contrat nul (art. 1185).

➜ La confirmation de l'acte nul

▸ La confirmation est l'**acte juridique unilatéral** par lequel le ***contractant protégé***, qui a ***connaissance du vice***, renonce, après ***cessation de la cause de nullité***, au droit d'invoquer la nullité et ***décide de donner plein effet au contrat***. La confirmation se différencie de la ***régularisation***, qui suppose un accord de volontés et une modification du contrat initial (par exemple, substitution d'une clause licite d'indexation à une clause illicite). La nullité absolue ne peut pas être couverte par la confirmation du contrat (art. 1180).

2. La nullité relative

La nullité relative sanctionne le défaut d'un élément de formation du contrat considéré comme **moins substantiel** que dans le cas de la nullité absolue. Elle assure la **protection des intérêts privés**. C'est ce qu'exprime le nouvel article 1179 alinéa 2 : la nullité est relative *« lorsque la règle violée a pour seul objet la sauvegarde d'un intérêt privé »*.

➜ Les cas de nullité relative

La nullité relative sanctionne :

- le ***défaut de consentement*** dû à un trouble mental (art. 414-1) ;
- les ***incapacités d'exercice*** et les ***incapacités de jouissance*** jouant un rôle de ***protection*** de l'incapable (par exemple, art. 1596) ;
- les ***vices du consentement*** ;
- l'***équivalence des prestations*** (anciennement la lésion) ;
- l'***illicéité de l'objet*** en matière d'***ordre public de protection.***
- le ***défaut de cause*** ou la ***fausse cause*** naguère (v. Civ. 1re, 9 novembre 1999, *Bull. civ.* I, n° 293 ; Civ. 1re, 20 février 2001, *Bull. civ.* I, n° 39 ; Civ. 1re, 29 septembre 2004, *D.* 2004, IR, 2690), aujourd'hui le **défaut de contrepartie** (ou une contrepartie « ***illusoire*** » ou « ***dérisoire*** ») ;

➜ La qualité pour agir

Le droit d'invoquer la nullité relative est restreint. Il appartient seulement :

- au ***contractant protégé*** (la victime du vice par exemple : « *la nullité relative ne peut être demandé que par la partie que la loi entend protéger* » : art. 1181) ;
- aux ***héritiers*** ;
- aux ***créanciers chirographaires*** (si les conditions de l'action oblique sont réunies, v. chapitre 9, 2. A.) ;

– aux ***ayants cause à titre particulier*** du cocontractant protégé (par exemple, l'acquéreur d'un immeuble agissant pour obtenir l'annulation d'un contrat de location).

➜ La prescription

▸ Le délai de prescription extinctive de l'action en nullité relative était plus court (cinq ans) que celui de la nullité absolue (trente ans). Il est désormais, en principe, de **cinq ans** (nullité relative ou absolue), mais ne court en matière de **vice du consentement** que du jour de la ***découverte de l'erreur ou du dol*** ou de la ***cessation de la violence*** (art. 1144 al. 2) et, en matière d'**incapacité** (minorité), ***au moment où celle-ci cesse*** (art. 1152 al. 3). Le délai de prescription de l'action en rescision pour lésion dans la vente d'immeuble est de deux ans à compter de la vente ou de la levée de l'option (art. 1676), comme celui de l'action en complément de part en matière de partage (art. 889).

▸ Le délai de prescription ne concerne ici, comme pour la nullité absolue, que l'action en nullité. Par conséquent, la nullité peut être invoquée par voie d'**exception** (art. 1185) moyen de défense perpétuelle, sauf pour le délai préfix de deux ans.

➜ La confirmation de l'acte nul

▸ La confirmation (impossible, en principe, en matière de nullité absolue) est autorisée lorsque l'acte est atteint de nullité relative (art. 1181 al. 2 qui précise que la nullité relative « *peut être couverte par la confirmation* »). Elle peut être **expresse** (résulter d'un écrit comportant ***certaines mentions***: art. 1182 al. 1er) ou **tacite** (découler, par exemple, de l'***exécution volontaire du contrat*** que l'on sait nul: art. 1182 al. 2).

▸ La confirmation entraîne la **validité rétroactive** du contrat. V. art. 1183 à propos de la possibilité donnée à une partie de demander à l'autre partie qui pourrait se prévaloir d'une nullité de **prendre parti** entre la confirmation du contrat et une action en nullité à exercer dans un délai de six mois.

B– Les effets de la nullité

1. Le principe de l'effacement rétroactif du contrat

➜ La disparition rétroactive du contrat

▸ L'annulation du contrat **prive celui-ci de tout effet tant pour l'avenir que pour le passé**. L'effacement est, dit-on, rétroactif (art. 1178 al. 2 « *le contrat annulé est censé n'avoir jamais existé* »). De ce fait, les choses doivent être ***remises en l'état*** et les parties replacées dans la situation antérieure au contrat. Les ***restitutions*** sont réciproques afin d'éviter l'enrichissement sans cause (v. art. 1352 et suivants).

▶ La rétroactivité produit aussi des **conséquences à l'égard des tiers**. Les droits consentis par un acquéreur à un tiers (par exemple, une hypothèque) sont anéantis à la suite de l'annulation du contrat de vente (adage « *resoluto jure dantis, resolvitur jus accipientis* »).

➜ L'étendue de la nullité

Lorsqu'une seule clause du contrat est entachée d'irrégularité, la nullité affecte-t-elle seulement la clause ou l'acte dans son entier ?

▶ La **loi** précise, parfois, que la ***clause est réputée non écrite*** (v. *supra*, les clauses abusives), les autres stipulations du contrat étant maintenues.

▶ Dans les autres cas, la **jurisprudence** conciliait les dispositions contradictoires de l'***article 900*** (relatif aux contrats gratuits, qui répute non écrite ***la seule clause litigieuse***) ***et l'ancien article 1172*** (relatif aux contrats onéreux, qui ***annulait l'acte dans sa totalité***), et retenait une solution unique pour tous les contrats, fondée sur la volonté des parties :
- lorsque la clause avait été considérée par les parties comme un **élément déterminant**, c'est l'ensemble du contrat qui était annulé (***nullité totale***) ;
- lorsque la clause avait été considérée par les parties comme un **élément accessoire**, seule cette clause était réputée non écrite (***nullité partielle***).

Le nouvel article 1184 alinéa 1er rappelle que lorsque la cause de nullité n'affecte qu'une ou plusieurs clauses du contrat, elle n'emporte la nullité de l'acte entier que si cette ou ces clauses « *ont constitué un **élément déterminant de l'engagement** des parties ou de l'une d'elles* ». Toutefois, l'alinéa 2 de cet article précise que le **contrat est maintenu** « ***lorsque la loi répute la clause non écrite**, ou **lorsque les fins de la règle** méconnue exigent son maintien.* »

2. Les exceptions à l'effacement rétroactif du contrat

➜ Les exceptions à l'égard des parties

Il est fait, partiellement ou totalement, exception au principe dans les cas suivants :

▶ Lorsque son titre d'acquisition (vente, échange, donation) est annulé, l'acquéreur devrait logiquement restituer, outre le bien, les fruits. Or, le **possesseur de bonne foi** (celui qui ignorait les vices du titre translatif de propriété [art. 550] ; la bonne foi est présumée [art. 2274]), « ***fait les fruits siens*** » (art. 549). Rappr. art. 1352-7.

▶ L'**incapable** qui obtient l'annulation de son engagement ***n'est tenu à restitution que dans la mesure « du profit qu'il a retiré de l'acte annulé »*** (art. 1352-4), c'est-à-dire dans la mesure de son enrichissement (les sommes qu'il a conservées ou dont il a fait un emploi utile).

▶ L'***immoralité*** (mais pas l'illicéité) qui affecte un contrat à titre onéreux (objet ou cause) ne prive pas le **contractant qui a agi par turpitude** du droit d'invoquer la nullité de l'acte mais est un ***obstacle à la restitution des prestations qu'il a exécutées*** (adage « *nemo auditur propriam turpitudinem allegans* »). En cas d'**immoralité partagée**, le ***contractant le moins immoral*** peut exiger de l'autre la ***restitution*** de sa prestation (adage « *in pari causa turpitudinis cessat repetitio* »). Le principe selon lequel « nul ne peut se prévaloir de sa propre turpitude » ***ne s'applique pas en matière délictuelle*** (Civ. 1re, 28 juin 2004, *Contrats, conc. cons.* 2004, com. n° 136, obs. Leveneur).

▶ En matière de **contrat à exécution successive**, il n'est pas possible d'ignorer l'exécution, par l'une des parties, de prestations (un travail, la jouissance d'un local) qui ne peuvent faire l'objet d'une restitution. Par conséquent, les juridictions allouent au contractant une **indemnité** (dite d'occupation en matière de bail), fixée selon l'équité, afin d'éviter tout enrichissement sans cause.

➜ Les exceptions à l'égard des tiers

Les principales exceptions sont les suivantes (outre le maintien des actes d'administration accomplis avant l'annulation) :

▶ **En matière mobilière**, en vertu de la règle « ***En fait de meubles, la possession vaut titre*** » (art. 2276 alinéa 1er), ***le sous-acquéreur*** *a non domino*, ***possesseur de bonne foi, peut s'opposer à la revendication*** du véritable propriétaire qui a obtenu l'annulation du contrat à l'égard de l'acquéreur.

▶ **En matière immobilière**, les règles de l'***usucapion*** ou prescription acquisitive permettent au sous-acquéreur, possesseur de l'immeuble, de devenir propriétaire à l'expiration d'un certain délai (trente ans, en principe, mais dix ans au profit de « *celui qui acquiert de bonne foi et par juste titre un immeuble* » : article 2272). De plus, la ***théorie de l'apparence*** (règle « *error communis facit jus* ») autorise les juridictions à ***valider les aliénations d'immeubles*** réalisées par un non-propriétaire lorsque l'***acquéreur*** a cru, par une ***erreur invincible***, que son auteur était propriétaire.

chapitre 4

Les effets du contrat

Le contrat qui réunit les conditions de formation présente un caractère **obligatoire**. Mais cet effet n'est que **relatif**, c'est-à-dire qu'il ne concerne, en principe, que les partenaires et aucunement les tiers.

I. La force obligatoire du contrat

A– Le principe de la force obligatoire du contrat

L'article 1103 (anc. article 1134 alinéa 1er) expose ce principe : « *Les contrats* ***légalement*** *formées* ***tiennent lieu de loi*** *à ceux qui les ont faits.* »
Deux **règles complémentaires** sont énoncées dans le Code :

1. L'irrévocabilité du contrat

L'article 1193 dispose que les contrats « *ne peuvent être modifiés ou* ***révoqués que du consentement mutuel*** des parties [mutuum dissensus] *ou pour les causes que la loi autorise* ». La **rupture unilatérale** n'est admise, en principe, que pour les ***contrats à durée indéterminée*** (par exemple, le contrat de travail) et pour ***certains contrats à durée déterminée*** (le mandat : art. 2003, le dépôt : art. 1944) ; mais la jurisprudence admet que la ***gravité du comportement*** d'une partie à tout contrat à durée déterminée peut justifier que l'autre partie y mette fin de façon unilatérale à ses risques et périls. V. *infra* chapitre 5, II. B., la résolution extrajudiciaire.

2. L'exécution de bonne foi du contrat

L'article 1104 précise que les contrats doivent être « ***exécutées de bonne foi*** » (v. chapitre 3, 1. A., la bonne foi dans la formation du contrat) : **devoir de loyauté** s'imposant ***au débiteur*** mais aussi ***au créancier*** (v. Civ. 3e, 8 avril 1987, *Bull. civ.* III, n° 88 : neutralisation d'une clause résolutoire, le créancier ayant manqué à son obligation de bonne foi), allant jusqu'à une véritable **collaboration** ou **coopération** pour parvenir au but poursuivi par les parties. La bonne foi impose aussi aux parties une **obligation de renégociation du contrat** (Com., 3 novembre 1992, *JCP* 1993, II, 22164, note Virassamy ; comp. Civ. 1re, 16 mars 2004, *D.* 2004, 1754, note Mazeaud). V. infra D. 1., la renégociation en cas de survenance de circonstances imprévisibles.

B– La simulation

La simulation est une situation de **mensonge concerté attentatoire aux droits des tiers** (comp. le dol, mensonge isolé attentatoire aux droits du co-contractant, chapitre 3, 1. B.) Les contractants entendent, en effet, dissimuler leur volonté réelle, exprimée dans un ***acte secret*** (appelé ***contre-lettre***), derrière l'apparence résultant d'un ***acte ostensible mais mensonger***.

1. Les formes de la simulation

→ Le contrat fictif

La contre-lettre indique que ***l'acte apparent est purement fictif*** : par exemple, une vente fictive pour tromper les créanciers du vendeur.

→ Le contrat déguisé

L'acte apparent prend la forme d'un contrat de telle nature alors que la contre-lettre précise qu'il s'agit d'un ***contrat d'une autre nature*** (par exemple, une donation déguisée en vente), ou le contrat apparent contient des ***clauses différentes*** de la contre-lettre (cas de dissimulation du prix réel de vente).

→ L'interposition de personnes

Une partie est désignée dans l'acte apparent alors que la contre-lettre mentionne que c'est ***une autre personne*** qui est partie (par exemple, pour contourner une incapacité de jouissance, v. art. 909 ; à propos d'une présomption d'interposition de personnes, v. art. 911 al. 2).

2. Les effets de la simulation

➜ Les effets entre les parties

La simulation n'est pas sanctionnée par la nullité (exception : art. 1202 al. 1er, nullité de la seule contre-lettre ayant pour objet une augmentation du prix de cession d'un office ministériel et nullité du contrat dissimulant le prix de cession d'un immeuble, d'un fonds de commerce ou d'une clientèle, par exemple : art. 1202 al. 2). L'article 1201 précise en effet que la contre-lettre « *produit effet entre les parties* ».

➜ Les effets à l'égard des tiers

La contre-lettre « *n'est pas opposable aux tiers* » (art. 1201). Le tiers peut, cependant, selon ses intérêts, se prévaloir soit de l'acte apparent, soit de la contre-lettre. Le ***conflit entre les tiers*** est résolu au profit de celui qui invoque l'***acte apparent*** (Civ., 25 avril 1939, *D. P.* 1940, 1, 12, note G. L.).

C– L'interprétation du contrat

Le Code civil donne au juge des conseils ou « recettes » d'interprétation dans les articles 1188 à 1193.

1. La méthode principale d'interprétation

La règle de principe est exposée à l'article 1188 alinéa 1er : « *le contrat s'interprète d'après la **commune intention des parties contractantes**, plutôt qu'en s'arrêtant au sens littéral des termes* » (v. aussi art. 1189, 1190, 1191 et 1192, qui placent en exergue la ***volonté réelle des parties*** ; rappr. la simulation).

2. Les règles complémentaires

▸ À titre subsidiaire, le Code civil fait référence à l'**usage** (art. 1194), et plus subsidiairement encore, à l'**équité** (art. 1194).
Enfin, dans le doute, le **contrat de gré à gré** s'interprète « *contre le créancier et en faveur du débiteur* » (art. 1190) et le **contrat d'adhésion** « *contre celui qui l'a proposé* » (art. 1190). Rappr. art . 1602.
Sous couvert d'interprétation, le juge a d'ailleurs parfois créé de nouvelles obligations (v. chapitre 1, 2. C. et chapitre 3, 1. B.), situation dite de « **forçage** » du contrat.

▸ Le juge peut **modifier** la **qualification juridique erronée** donnée au contrat par les parties.

D– La révision du contrat

Le contrat est un acte de prévision. Lorsque l'exécution est échelonnée dans le temps, la transformation des circonstances économiques et monétaires qui ont présidé à sa formation porte atteinte à son équilibre. La question se pose de la révision judiciaire du contrat (question dite de l'imprévision).

1. Le principe : la possible révision judiciaire du contrat

La Cour de cassation avait fixé sa jurisprudence dans un arrêt de 1876 (Civ., 6 mars 1876, *Canal de Craponne*, *D.P.* 1876, 1, 193, note Giboulot) : « ***dans aucun cas, il n'appartient aux tribunaux****, quelque équitable que puisse leur paraître leur décision,* ***de prendre en considération le temps et les circonstances*** *pour* ***modifier les conventions*** *des parties et* ***substituer des clauses nouvelles*** *à celles qui ont été librement acceptées par les contractants* » (v. aussi Com., 18 décembre 1979, *Bull. civ.* IV, n° 339). La Haute juridiction avait préféré faire prévaloir la **sécurité juridique** et le respect des grands équilibres économiques sur la justice commutative (rappr. *supra*, l'obligation de renégociation). Sur les délais de paiement accordés par le juge, v. chapitre 8, 1. A.

Avec la réforme de 2016, la jurisprudence « Canal de Craponne » devient caduque. En effet, l'article 1195 alinéa 1er dispose : « *si un* ***changement de circonstances imprévisible lors de la conclusion du contrat*** *rend l'exécution* ***excessivement onéreuse*** *pour une partie qui n'avait pas accepté d'en assumer le risque, celle-ci peut demander* ***une renégociation du contrat*** *à son contractant.* » On le voit, les conditions de l'ouverture de la négociation sont particulièrement strictes.

Et en cas de refus ou d'échec de la renégociation, les parties peuvent convenir de la **résolution du contrat** ou, d'un commun accord, demander au juge de procéder à son **adaptation**. À défaut d'accords dans un **délai raisonnable** sur ces solutions, une partie peut **saisir le juge** pour qu'il **révise le contrat ou y mette fin** (art. 1195 al. 2).

2. Les révisions conventionnelles et légales

→ Les révisions conventionnelles

Comme les dispositions de l'article 1195 précité ne sont pas d'ordre public, les parties peuvent y déroger par des clauses.

Les parties peuvent stipuler, en effet, des **clauses d'indexation** ou des **clauses de renégociation** (clauses de ***hardship,*** qui permettent de solliciter une révision du contrat en cas de changement des circonstances initiales).

➜ La révision légale

Des **lois spéciales** ont édicté des règles prévoyant une ***révision des contrats en cours*** d'exécution : lois relatives à la ***durée des contrats*** (par exemple, droit au maintien dans les lieux en matière de baux d'immeubles à usage d'habitation : loi du 1er septembre 1948), au ***contenu des contrats*** (même loi), ou octroyant des ***délais de paiement*** aux débiteurs (***moratoires***).

II. L'effet relatif du contrat

A– Le principe de l'effet relatif des conventions

1. Exposé de la règle

L'article 1199 alinéa 1er dispose que « *le contrat ne créé d'obligations qu'entre les parties* ». Par conséquent, « *les tiers ne peuvent ni demander l'exécution du contrat ni se voir contraints de l'exécuter* » (art. 1199 al. 2) : règle dite de l'effet relatif des conventions.

2. La détermination des tiers

➜ Les tiers absolus

▶ Les tiers absolus (ou *penitus extranei*) n'ont aucun lien avec le contrat ou avec les parties contractantes ; ils sont totalement **étrangers au rapport obligatoire**. Ils ne sont ni ayants cause universels, ni ayants cause particuliers, ni créanciers chirographaires.

▶ Si le contrat ne peut les rendre créanciers ou débiteurs, il constitue néanmoins une **donnée de fait** dont ils peuvent prévaloir (art. 1200 al. 2) et dont ils ne peuvent méconnaître. Le contrat leur est **opposable** (responsabilité délictuelle du tiers qui, par exemple, débauche le salarié de son concurrent ; v. Ass. plén. 6 octobre 2006, D 2006, 2825, note G. Viney ; Ass. plén. 9 mai 2008, RTDC 2008, 485, obs. P. Jourdain). En effet, il faut distinguer l'effet relatif de l'**opposabilité**. Comme le dit l'article 1200 alinéa 1er, « *les tiers doivent respecter* ***la situation juridique*** *créée par le contrat* ».

➜ Les ayants cause universels

▶ Les ayants cause universels ou à titre universel sont ceux qui recueillent la totalité ou une quote-part du patrimoine du défunt : les **héritiers** et les **légataires universels ou à titre universel**.

▶ Continuateurs de la personne de leur auteur, **ils se substituent à lui** et deviennent de ce fait créanciers ou débiteurs des obligations contractuelles (v. art. 1122), ***sauf*** **exceptions** (volonté exprimée précisant que le décès met fin à la convention, ou nature de la convention imposant la cessation du contrat au décès, v. art. 1795 [contrat d'entreprise], 2003 [mandat]).

➜ L'ayant cause à titre particulier

▶ L'ayant cause à titre particulier est celui qui recueille de son auteur un **bien** ou un **droit déterminé** (ou plusieurs biens ou droits), soit ***à cause de mort*** (le légataire particulier), soit ***entre vifs*** (l'acheteur, le donataire, le locataire).

▶ Des **textes** retiennent parfois le principe du **transfert à l'acquéreur des actes antérieurement accomplis** par son auteur : par exemple, art. 1743 al. 1er en matière de baux ; art. L. 121-10, C. assur., en cas d'aliénation de la chose assurée ; art. L. 1224-1, C. trav., en cas de modification dans la situation juridique de l'employeur ; art. 13 de la loi du 10 juillet 1965 en matière de règlement de copropriété.

▶ En dehors des textes, la **jurisprudence** pose le principe de la **non-transmission** des créances et des dettes **à l'ayant cause à titre particulier**, sauf **exception** (par exemple, la clause de non-concurrence transmise avec le fonds de commerce).

En matière de **groupes ou de chaînes de contrats**, il existe une jurisprudence spécifique. Par chaîne ou groupe de contrats, il faut entendre la situation où des contrats sont liés entre eux parce qu'ils ont le même objet ou participent au même but. La question se pose de la **nature des liens** qui existent entre les **contractants extrêmes** de cet ensemble contractuel (par exemple, entre un fabricant et un sous-acquéreur). La Cour de cassation opère la différenciation suivante :

- Lorsqu'une ***chose*** a été l'***objet d'une transmission par le biais de contrats identiques*** (chaîne homogène : ventes successives) ***ou différents*** (chaîne hétérogène : vente, contrat d'entreprise, vente), « *le maître de l'ouvrage, comme le sous-acquéreur jouit de tous les droits et actions attachés à la chose qui appartenait à son auteur* » (Cass., Ass. plén., 7 février 1986, *D.* 1986, 293, note Bénabent) ; il dispose d'une « action directe » de nature contractuelle contre le fabricant. L'**action, accessoire de la chose**, est transmise avec celle-ci. Comp. Civ. 1re, 21 janvier 2003, *Bull. civ. I,* n° 18, pour une autre interprétation de la transmission de la chose : action contractuelle de l'acquéreur d'un manège contre un contrôleur technique missionné par le vendeur.
- Lorsqu'aucune chose n'a été transmise, et que seule une **prestation** a été réalisée, l'**action** est de nature ***délictuelle*** (Cass., Ass. plén., 12 juillet 1991, *D.* 1991, 549, note Ghestin : « *le sous-traitant n'est pas contractuellement lié au maître de l'ouvrage* »).

➜ Les créanciers chirographaires

▸ Les créanciers chirographaires sont des **créanciers démunis de sûretés** (privilèges, hypothèques…). Les biens du débiteur constituent leur « ***gage commun*** » (art. 2285, v. chapitre 9, 2. A.). Ils subissent donc les conséquences des actes conclus par le débiteur, mais ceux-ci ne les rendent aucunement débiteurs ou créanciers (sauf exception, v. l'action directe, *infra*, B.).

▸ Afin de préserver leurs créances, un **droit de regard sur le patrimoine du débiteur** leur est reconnu et ils bénéficient, à cette fin, de diverses techniques : action oblique, action paulienne (v. chapitre 9, 2. A.) et inopposabilité des contre-lettres (v. *supra* 1. B.).

B – Les exceptions au principe de l'effet relatif des conventions

Il existe une exception **apparente** (la ***promesse de porte-fort***) et des exceptions **réelles** (la ***stipulation pour autrui*** et les ***actions directes***) au principe selon lequel un tiers ne peut devenir créancier ou débiteur en vertu des termes d'un contrat auquel il n'a pas participé.

1. L'exception apparente : la promesse de porte-fort

➜ La prohibition de la promesse pour autrui

L'article 1203 dispose : « *On ne peut **s'engager en son propre nom que pour soi-même.*** » Par conséquent, une promesse pour autrui (*A* convient avec *B* que *C* exécutera une prestation au profit de *B*) est inopérante. Elle ne lie aucunement le tiers (*C* n'est pas obligé d'exécuter la prestation).

➜ La validité de la promesse de porte-fort

L'article 1204 précise qu'« *on peut se porter fort en promettant le fait d'un tiers* ».

▸ Avec la promesse de porte-fort, le promettant n'entend pas engager autrui mais **s'engager lui-même** (obligation de résultat) à convaincre un tiers de conclure un contrat ou d'exécuter une prestation (porte-fort d'exécution).

▸ **Le tiers n'est aucunement lié** par la promesse de porte-fort et est libre de ratifier ou non cette promesse.

- Si **le tiers accomplit le fait** promis, le promettant est **libéré** de toute obligation.
- Dans le cas contraire, le **promettant** peut être **condamné à des dommages-intérêts** (responsabilité contractuelle).

2. Les exceptions réelles : la stipulation pour autrui et les actions directes

→ La stipulation pour autrui

La stipulation pour autrui est l'opération juridique par laquelle une personne (le **stipulant**, par exemple l'assuré en matière d'assurance-vie) obtient d'une autre personne (le **promettant** : l'assureur) qu'elle s'engage envers une troisième personne (le **tiers bénéficiaire**) à effectuer une **prestation** (le versement d'un capital ou d'une rente en matière d'assurance-vie).
Le tiers bénéficiaire devient créancier sans avoir participé au contrat. C'est pourquoi la stipulation pour autrui constitue une **exception réelle** à l'effet relatif des conventions.

▸ **Les conditions de validité de la stipulation pour autrui :**

- Après avoir précisé qu'« *on ne peut, en général [...] stipuler en son propre nom, que pour soi-même* » (anc. art. 1119 : prohibition de principe de la stipulation pour autrui), le Code civil indiquait à l'ancien article 1121 qu'« *on peut [...] stipuler au profit d'un tiers, lorsque telle est la condition d'une stipulation que l'on fait pour soi-même* [***stipulation pour autrui accessoire*** d'une stipulation pour soi-même] *ou d'une donation que l'on fait à un autre* [***donation avec charge*** au profit d'un tiers] ». Ces dispositions avaient été interprétées de manière compréhensive, permettant ainsi d'y inclure le mécanisme de l'assurance-vie qui ne pouvait, selon une conception doctrinale restrictive, être rattaché à l'une des deux exceptions (v. Civ., 16 janvier 1888, *D. P.* 1888, 1, 77, estimant que « *le **profit moral** résultant des avantages faits aux personnes désignées suffit pour constituer un intérêt personnel dans le contrat* » d'assurance sur la vie). Les juridictions ont même « découvert » une ***stipulation pour autrui tacite*** au profit des proches parents d'un voyageur en matière de contrat de transport de personnes. La réforme de 2016 a tenu compte de l'évolution et adapté les textes en la matière. L'article 1205 alinéa 1er dispose que « *on peut stipuler pour autrui* », l'alinéa 2 précisant que « *l'un des contractants, le stipulant, peut faire promettre à l'autre, le promettant, d'accomplir une prestation au profit d'un tiers, le bénéficiaire.* »
- Le **tiers bénéficiaire** doit être **déterminé** (« *précisément désigné* » selon l'article 1205 alinéa 2), ou au moins déterminable, le jour où il fera valoir son droit. Généralisant la règle admise en matière d'assurance-vie (art. L. 132-8 al. 3, C. cons.), l'article 1205 al. 2 précise que le bénéficiaire peut être « ***une personne future*** ».

▶ **Les effets de la stipulation pour autrui :**

- Si le promettant n'exécute pas son obligation à l'égard du tiers bénéficiaire, le stipulant peut **agir** contre le promettant **en résolution du contrat principal ou en exécution de la stipulation pour autrui**, le stipulant ayant un intérêt au moins moral à l'opération, donc à son exécution (Civ., 1re sect. civ., 12 juillet 1956, *D.* 1956, 749, note Radouant) : article 1209.
- Tant que le tiers bénéficiaire n'a pas « *accepté la stipulation* », le stipulant (ou ses héritiers) peut **révoquer** celle-ci (art. 1206 al. 2). La stipulation devient ***« irrévocable »*** au moment où l'**acceptation** de la stipulation **parvient au stipulant ou au promettant** (art. 1206 al. 3).
- Le tiers bénéficiaire dispose d'un **droit personnel et direct** (art. 1206 al. 1er) à l'encontre du promettant pour obtenir l'exécution (même forcée) de son obligation. Ce droit, qui naît à la signature du contrat et qui est censé n'avoir jamais transité par le patrimoine du stipulant, empêche les créanciers de ce dernier de saisir les sommes dues par le promettant au tiers bénéficiaire.

➜ Les actions directes

▶ L'action directe est une action **accordée par un texte spécial** (rappr. *supra*, l'« action directe » jurisprudentielle) à un créancier pour ***recouvrer personnellement et directement sa créance*** dans le patrimoine du débiteur de son débiteur en exerçant le droit dont dispose le débiteur. Comp. l'action oblique, chapitre 9, 2, A. L'article 1341-3 dispose que « *dans les cas déterminés par la loi, le créancier **peut agir directement en paiement** de sa créance contre un débiteur de son débiteur.* »

▶ L'action directe constitue une **exception à l'effet relatif des contrats** et permet au créancier d'***éviter de subir le concours des créanciers même privilégiés de son débiteur*** (ou l'insolvabilité ou la « faillite » de celui-ci).

▶ Les **principales actions directes** sont : l'action du ***bailleur*** contre le sous-locataire (art. 1753) ; des ***ouvriers*** contre le client de l'entrepreneur (art. 1798) ; du ***mandant*** contre le sous-mandataire (art. 1994 al. 2) ; du ***sous-traitant*** contre le maître de l'ouvrage (art. 12 et s. de la loi du 31 décembre 1975) ; de la ***victime d'un dommage*** contre l'assureur du responsable (art. L. 124-3, C. assur.).

chapitre 5

L'inexécution du contrat

Lorsque le débiteur n'exécute pas son obligation née d'un contrat légalement formé, le créancier qui n'obtient pas satisfaction a, à sa disposition divers moyens, exposés par l'article 1217 :

- **refuser d'exécuter** ou **suspendre** l'exécution de sa propre obligation ;
- poursuivre l'**exécution forcée** en nature de l'obligation ;
- solliciter une **réduction du prix** ;
- provoquer la **résolution** du contrat ;
- demander **réparation** des conséquences de l'inexécution.

Ces sanctions, dès lors qu'elles ne sont pas incompatibles peuvent d'ailleurs être **cumulées** (art. 1217).

I. La responsabilité contractuelle

La responsabilité contractuelle est l'obligation, pour le contractant qui n'exécute pas tout ou partie de son engagement, de **réparer le préjudice causé** à l'autre partie du fait de l'inexécution.

Un débat s'est instauré en doctrine sur l'existence même d'une véritable responsabilité contractuelle qui constituerait le pendant de la responsabilité délictuelle (v. Ph. Rémy, « La "responsabilité contractuelle", histoire d'un faux concept », *RTD civ.* 1997, p. 323 ; E. Savaux, « La fin de la responsabilité contractuelle ? », *RTD civ.* 1999, p. 1).

A– Les conditions de la responsabilité contractuelle

1. L'existence d'un contrat

La première condition est la nécessité d'un **contrat valable** entre le responsable et la victime.
En cas de dommages causés pendant la période pré-contractuelle, la responsabilité est délictuelle. Il en est de même lorsque le contrat est annulé ou lorsqu'un tiers se rend complice de la violation d'une convention.
Un tiers peut cependant parfois se prévaloir des règles de la responsabilité contractuelle (lorsqu'il bénéficie d'une stipulation pour autrui, sauf renonciation à celle-ci, v. chapitre 4, 2. B.).

2. Une inexécution du contrat

▸ L'inexécution peut être **totale** ou **partielle**. Mais elle doit être **prouvée** par le créancier. Cependant, cette preuve est plus ou moins aisée selon l'intensité de l'obligation du débiteur : obligation de résultat ou obligation de moyens (v. chapitre 1, 2. C.).

▸ Lorsque la responsabilité contractuelle est engagée pour faute (obligation de moyens), il suffit d'une **faute quelconque**, même simple. Cependant, parfois, la commission d'une faute d'une gravité particulière produit des incidences sur le plan de la responsabilité (v. *infra* les clauses exonératoires ou limitatives de responsabilité, le dommage imprévisible). D'où l'existence d'une gradation des fautes contractuelles, opérée par la doctrine :

- La **faute dolosive** (dol dans l'exécution du contrat) est l'***inexécution intentionnelle***, délibérée, de ses obligations par le débiteur (mais sans exigence de l'intention de nuire : Civ. 1re, 4 février 1969, *D.* 1969, 601, note Mazeaud). L'appréciation judiciaire de cette faute est effectuée *in concreto*.
- La **faute lourde** est une faute d'une ***particulière gravité*** révélant une ***incurie*** grave de la part du débiteur. Elle est, en principe, considérée comme équivalente (« équipollente ») au dol. L'appréciation judiciaire s'effectue cependant *in abstracto*. Revenant sur une jurisprudence antérieure, la Cour de cassation (Com., 21 février 2006, *D.* 2006, AJ, 717, obs. Chevrier ; v. aussi Cass. ch. mixte, 22 avril 2005, *Bull. civ.* n° 4) a considéré que la faute lourde ***ne saurait résulter du seul manquement à une obligation contractuelle, fût-elle essentielle***, mais doit se déduire de la gravité du comportement du débiteur.

3. Un préjudice

▶ L'inexécution du contrat par le débiteur, condition nécessaire, est insuffisante à elle seule à engager la responsabilité contractuelle. Celle-ci suppose en effet, comme la responsabilité délictuelle, la **réalisation d'un préjudice** (sur la notion et la typologie des préjudices, v. chapitre 6, 1. A.).

▶ Les caractères du préjudice sont ceux requis en matière de responsabilité délictuelle, à une exception notable : l'exigence de la **prévisibilité raisonnable du dommage contractuel** « *lors de la conclusion du contrat* » (art. 1231-3). La prévisibilité normale (appréciation *in abstracto*) concerne autant la cause du dommage que sa quotité, c'est-à-dire son importance (Civ., 7 juillet 1924, *D. P.* 1927, 1, 119). Lorsque la faute commise par le débiteur est dolosive ou lourde, le dommage même imprévisible est réparable.

4. Un lien de causalité entre l'inexécution et le préjudice

Le dommage doit être la « *suite immédiate et directe de l'inexécution* » (art. 1231-4) de la convention, alors même que l'inexécution résulte d'un dol ou d'une faute lourde du débiteur (sur le lien de causalité en matière délictuelle, v. chapitre 6, 3.).

5. Une mise en demeure du débiteur

➜ Définition

La mise en demeure est l'acte par lequel le créancier donne injonction à son débiteur d'exécuter son obligation.

➜ Domaine

▶ La mise en demeure constitue, en principe, une **condition préalable** à l'engagement de la responsabilité contractuelle (art. 1231).

L'article 1231 fait toutefois **exception** à l'exigence de la mise en demeure lorsque « ***l'inexécution est définitive*** ».

➜ Les formes de la mise en demeure

Selon l'article 1344, « *le débiteur est mis en demeure de payer, soit par une* ***sommation*** *ou par un* ***acte portant interpellation suffisante****, soit, si le contrat le prévoit, par la seule* ***exigibilité*** *de l'obligation.* »

➜ Les effets de la mise en demeure

▶ La mise en demeure permet au créancier de réclamer au débiteur des dommages-intérêts moratoires (art. 1231-6 al. 1er).

▶ La mise en demeure de livrer un corps certain opère un transfert des risques de la force majeure sur le débiteur de la livraison (art. 1344-2 et 1196 al. 3, v. *infra*).

B– Les causes d'exonération de la responsabilité contractuelle

1. La force majeure

➜ Définition

La force majeure (art. 1218 ; v. aussi art. 1351) est un **événement naturel** (tempête, tremblement de terre, inondation) ou le **fait du prince** (autorité publique administrative).

➜ Les caractères de la force majeure

Pour produire des effets de droit, la force majeure doit classiquement réunir les caractères suivants :

▶ L'événement de force majeure doit, en premier lieu, être normalement **irrésistible** (ne pouvant être évité « *par des mesures appropriées* » : art. 1218) au jour de l'exécution (appréciation *in abstracto*). Le débiteur doit être dans l'impossibilité absolue et non relative (exécution plus coûteuse ou difficile) d'exécuter.
La Cour de cassation avait considéré que « *la seule irrésistibilité de l'événement caractérise la force majeure* » (Civ. 1re, 6 novembre 2002, *Bull. civ.* I, n° 258). Mais, en 2006 (Cass., Ass. plén., 14 avril 2006, *Bull. civ.* n° 5), elle a estimé que l'événement constitutif d'un cas de force majeure doit présenter « un caractère ***imprévisible lors de la conclusion du contrat et irrésistible dans son exécution*** », conditions reprises par l'article 1218.

▶ En effet, l'événement de force majeure doit aussi être normalement **imprévisible** (appréciation *in abstracto* au jour de la conclusion du contrat) : événement qui ne pouvait être « ***raisonnablement prévu*** *lors de la conclusion du contrat* » (art. 1218).

▶ L'événement, enfin, doit être **extérieur** au débiteur (« *événement* ***échappant au contrôle*** *du débiteur* » selon l'article 1218 : la maladie est, selon les cas, considérée ou non comme un cas de force majeure), aux personnes dont il doit répondre (cas dit de responsabilité contractuelle du fait d'autrui : la grève est, selon les circonstances, constitutive ou non de force majeure) ou aux choses qu'utilise le débiteur dans l'exécution du contrat (cas dit de responsabilité contractuelle du fait des choses : le vice de la chose est « interne » au débiteur).

➜ Les effets de la force majeure

▸ La force majeure entraîne l'**exonération totale** de responsabilité en matière d'obligation de résultat.

▸ Si l'obligation est de moyens, il ne peut y avoir concours d'une faute causale et d'un cas de force majeure (cas impossible : c'est l'un ou l'autre).

2. Le fait du tiers

▸ Le fait du tiers qui présente les caractères de la force majeure entraîne une **exonération totale** de responsabilité du débiteur.

▸ Le fait du tiers qui ne réunit pas ces caractères n'a aucune incidence sur la responsabilité du débiteur ; celui-ci et le tiers sont condamnés **solidairement** à l'égard du créancier (v. chapitres 6, 3. B. et 8, 2. B. à propos du recours, solution comparable en matière contractuelle et délictuelle).

3. Le fait du créancier

▸ Le fait du créancier victime qui présente les caractères de la force majeure conduit à une **exonération totale** du débiteur (v. Cass. ch. mixte, 28 novembre 2008, *Bull. civ.* I, n°3).

▸ Dans le cas contraire, la faute (pas le fait non fautif) du créancier a pour conséquence une exonération seulement **partielle** de responsabilité du débiteur (partage de responsabilité selon la gravité de la faute commise).

4. L'absence de faute du débiteur

▸ L'absence de faute du débiteur tenu d'une **obligation de résultat** est **inopérante** (v. chapitre 1, 2. C.).

▸ En matière d'**obligation de moyens**, la victime doit ***prouver la faute*** du débiteur. Par conséquent, cette preuve établie, le débiteur ne peut, par hypothèse, s'exonérer en démontrant l'absence de faute.

▸ L'absence de faute n'est une cause d'exonération que dans le cas où est instaurée une **présomption de faute**.

C– Les effets de la responsabilité contractuelle : la réparation du préjudice

La responsabilité civile tend à la réparation du préjudice subi par la victime : « *replacer la victime, aux dépens du responsable, dans la situation où elle se serait trouvée si l'acte dommageable n'avait pas eu lieu* » (Civ. 2e, 28 octobre 1954, *JCP* 1955, II, 8765, note Savatier).
Il existe deux procédés de réparation : la **réparation en nature** et la **réparation par équivalent**.

1. La réparation en nature

La réparation en nature (art. 1221) consiste dans la remise des **choses en état**, dans le rétablissement de la situation antérieure au dommage. Elle opère une **disparition du dommage** : par exemple la **destruction** « *de ce qui a été fait en violation* » de l'obligation (art. 1222). Autre technique fondée sur la réparation en nature : l'exécution du contrat par un tiers (art. 1222 : **faculté de remplacement**).

2. La réparation par équivalent

La réparation par équivalent consiste dans l'octroi d'une indemnité (les **dommages-intérêts**) à la victime (art. 1231-1).

➜ Le domaine de la réparation par équivalent

Selon l'ancien article 1142, « *toute obligation de faire ou de ne pas faire se résout en dommages-intérêts, en cas d'inexécution de la part du débiteur* ». La jurisprudence avait précisé que cet article ne s'appliquait qu'en cas d'inexécution d'une obligation personnelle de faire (cas du peintre qui s'engage à réaliser un portrait) ou de ne pas faire. Les autres obligations sont susceptibles d'exécution en nature (livraison de la chose sous astreinte, par exemple). On l'a vu (*supra*, chapitre 1, II, B.), la **réforme de 2016** ne reprend pas la classification entre les obligations de donner, de faire ou de ne pas faire. On peut cependant admettre que cette jurisprudence perdurera.

➜ Les dommages-intérêts compensatoires

▸ Les dommages-intérêts compensatoires sont destinés à réparer le préjudice que cause l'**inexécution** (autre que le retard) **totale ou partielle** du contrat. Ils sont fonction du seul préjudice subi et non de la gravité de la faute.

▸ Le **droit à réparation** naît au jour de la réalisation du dommage, mais celui-ci n'est évalué qu'au jour du jugement définitif (Civ., sect. com., 16 février 1954, *D.* 1954, 534, note Rodière : idée de dette de valeur, v. chapitre 1, 2. B.).

▶ Le jugement de condamnation emporte **intérêts** au taux légal (v. art. 1231-7).

➜ Les dommages-intérêts moratoires

▶ Les dommages-intérêts moratoires sanctionnent le **retard** du débiteur dans l'exécution des obligations « *de sommes d'argent* » sans que le créancier soit tenu de justifier d'aucune perte (art. 1231-6 al. 2).

▶ Ces dommages-intérêts « *ne consistent jamais que dans la condamnation aux **intérêts au taux légal*** » (art. 1231-6 al. 1er), sauf **exceptions** :

- stipulation d'un intérêt conventionnel ou règles particulières au commerce (v. art. L. 511-45, C. com, en matière de lettre de change),
- ou « *préjudice indépendant de ce retard* » (art. 1231-6 al. 3 : octroi de dommages-intérêts distincts en cas de mauvaise foi du débiteur).

▶ Les intérêts échus des capitaux produisent eux-mêmes des intérêts (technique de la capitalisation des intérêts ou **anatocisme**), sous certaines conditions (demande judiciaire ou convention spéciale : art. 1343-2).

D– Les aménagements conventionnels de la responsabilité contractuelle

1. Les clauses aggravant ou allégeant les obligations

▶ De **manière indirecte** et en amont de la responsabilité, les parties peuvent décider de **modifier le contenu même des obligations** en les aggravant ou, le plus souvent, en les allégeant.

▶ Ces clauses sont juridiquement valables dès lors qu'elles n'ont pas pour objet ou pour effet de supprimer une **obligation essentielle** du contrat.

2. Les clauses d'aggravation, d'exclusion ou de limitation de la responsabilité contractuelle

Ces clauses interviennent de manière directe sur l'étendue de la responsabilité.

➜ Les clauses aggravant la responsabilité

Ces clauses, qui prévoient, par exemple, une obligation de résultat à la place d'une obligation de moyens, ou la réparation du dommage même imprévisible, sont valables.

➜ Les clauses excluant ou limitant la responsabilité

▶ Les **clauses exonératoires** de responsabilité précisent qu'en cas d'inexécution totale ou partielle, le débiteur ne sera tenu à aucuns dommages-intérêts. Les **clauses limitatives** de responsabilité prévoient qu'en cas d'inexécution, le débiteur ne devra des dommages-intérêts que dans la limite d'un plafond déterminé.

▶ Ces clauses sont, en principe, **valables** (principe de la liberté contractuelle). Il existe cependant des **exceptions** :

- ces clauses sont inopérantes en ***cas de dol ou de faute lourde*** du débiteur (Civ., sect. com., 15 juin 1959, *D.* 1960, 97, note Rodière) ;
- ou en cas de manquement par le débiteur à une « obligation essentielle » du contrat (Com. 30 mai 2006, *Bull. civ.* IV, n° 132 ; Com. 13 février 2007, *Bull. civ.* IV, n° 43) ;
- des ***textes*** prohibent les clauses relatives à la responsabilité dans certains contrats (v. art. 1953 al. 2, en matière de dépôt hôtelier ; art. R. 132-1, C. cons.).

Enfin, une incertitude règne s'agissant des clauses relatives à la responsabilité en cas de dommages à l'intégrité physique de la personne (v. cependant, les prohibant : art. R. 212-1, 6°, C. cons., et art. 1245-14 al. 1er).

3. Les clauses pénales

➜ La notion de clause pénale

La clause pénale (art. 1231-5) est la stipulation par laquelle les parties à un contrat fixent par avance et **forfaitairement** le montant de l'indemnité (ou peine) due en cas d'**inexécution** de son obligation par le débiteur pour réparer le préjudice subi par le créancier.

➜ Validité et révision de la clause pénale

▶ La clause pénale est valable. Il ne peut être alors alloué au créancier « *une somme plus forte ni moindre* » (art. 1231-5 al. 1er).

▶ Le juge dispose cependant d'un **pouvoir modérateur** quant à l'application de la clause :

- d'une part, le juge peut, même d'office, modérer ou augmenter la peine si elle est « ***manifestement excessive ou dérisoire*** » (art. 1231-5 al. 2) ;
- d'autre part, la peine convenue peut être diminuée par le juge, même d'office, en cas d'***inexécution partielle*** (art. 1231-5 al. 3).

▶ Enfin, cette clause est **inopérante** en cas de **faute lourde ou dolosive** du débiteur (art. 1231-3).

II. Les autres voies de droit

A– L'exception d'inexécution

1. Définition

L'exception d'inexécution (ou « *exceptio non adimpleti contractus* ») est le droit dont dispose chaque partie à un contrat synallagmatique de **suspendre** l'exécution de ses obligations tant que le cocontractant n'a pas exécuté les siennes.

2. Principe général

Prévue par certains articles du Code civil (par exemple, v. art. 1612 en matière de vente ; art. 1948 en matière de dépôt salarié), cette technique a été généralisée à **tous les contrats synallagmatiques** par la jurisprudence (Req. 4 février 1889, *D. P.* 1890, 1, 121), qui la rattache à la notion de cause dans l'exécution du contrat (Civ., 5 mai 1926, *D. P.* 1926, 1, 37). L'article 1219 consacre cette technique.

3. Les conditions de l'exception d'inexécution

Moyen de défense non soumis à des conditions de forme (absence de mise en demeure préalable) ou de procédure (absence de saisine d'un juge, l'exception étant un moyen de **justice privée** ou une peine privée), l'exception d'inexécution est soumise à des conditions de fond :

→ L'interdépendance des obligations

Cette première condition explique le domaine de l'exception : les contrats synallagmatiques. On constate cependant une **extension jurisprudentielle** aux contrats synallagmatiques imparfaits (v. chapitre 2, 1. A.) et aux situations de restitutions réciproques consécutives à une annulation ou une résolution (Civ., 17 décembre 1928, *D. H.* 1929, 52).

→ L'exécution simultanée des obligations

L'exception d'inexécution ne peut être invoquée lorsque l'obligation est à **terme** ou **conditionnelle** (v. chapitre 8, 1. A. et B.).

→ L'inexécution d'une obligation

L'exception suppose une inexécution **totale ou partielle**, fautive ou non (résultant d'un cas de force majeure) de l'une des parties. Mais cette inexécution doit être « ***suffisamment grave*** » (art. 1219).
L'article 1220 prévoit une **inexécution par anticipation**, c'est-à-dire qu'il autorise une partie à suspendre l'exécution de son obligation « *dès lors qu'il est **manifeste que son cocontractant ne s'exécutera pas** à l'échéance* ». Mais encore faut-il que les conséquences de l'inexécution de l'obligation soient « *suffisamment graves* ».

→ La bonne foi du créancier

L'inexécution ne doit pas être imputable au créancier, et sa riposte doit être **proportionnée** à la gravité du manquement du débiteur.

4. Les effets de l'exception d'inexécution

→ La suspension de l'exécution

L'exception entraîne la suspension de l'exécution du contrat et non son anéantissement, le **contrat subsistant** avec toutes ses clauses et conditions.

→ La suspension temporaire de l'exécution

La suspension du contrat n'est que **temporaire**. Dès que le débiteur exécute sa prestation, le créancier doit exécuter la sienne.

B– La résolution du contrat, sanction du comportement du débiteur

1. Définition

La résolution du contrat (art. 1224 et s.) est la sanction de l'inexécution par l'une des parties à un contrat synallagmatique entraînant l'**anéantissement rétroactif** du contrat.
L'inexécution peut être imputable au débiteur mais également due à la force majeure (v. *infra*, C.).
L'article 1224 prévoit **trois formes** de résolution-sanction du comportement du débiteur : la résolution **conventionnelle**, la résolution **extrajudiciaire** et la résolution **judiciaire**, qui présentent des effets communs.

2. La résolution conventionnelle

▶ Afin d'éviter de subir le pouvoir d'appréciation du juge dans le prononcé de la résolution, les parties peuvent convenir, par une clause appelée **clause résolutoire** ou clause de résolution de plein droit, des engagements dont l'inexécution entraînera la résolution du contrat, après mise en demeure préalable infructueuse (art. 1225 al. 2, qui précise que la mise en demeure ne produit effet que si elle mentionne expressément la clause résolutoire). Peu importe la gravité du manquement : cette clause ***s'impose au juge***, qui ne peut accorder des délais de grâce au débiteur.

▶ Cependant, pour prévenir les **abus**, des textes spéciaux limitent parfois la portée des clauses résolutoires (par exemple en matière de baux commerciaux : art. L. 145-41 al. 1er, C. com. ; en matière de baux d'habitation : art. 4, art. 7, art. 24 al. 1er de la loi du 6 juillet 1989). Sur la neutralisation des effets d'une clause résolutoire lorsque le créancier est de mauvaise foi, v. chapitre 4, 1. A.).

3. La résolution extrajudiciaire

Consacrant la jurisprudence (Civ. 1re, 13 octobre 1998, *Bull. civ.* I, n° 300), l'article 1226 dispose que le créancier peut, « *à ses risques et périls* » **résoudre le contrat par voie de notification**. Sauf urgence, le créancier doit préalablement **mettre en demeure** le débiteur défaillant de satisfaire à son engagement dans un **délai « *raisonnable* »**.

Lorsque l'inexécution persiste, le créancier **notifie au débiteur la résolution du contrat** et les **raisons** qui la motivent.

Le débiteur peut à tout moment, **saisir le juge** pour contester la résolution. Il appartient alors au créancier de prouver la ***« gravité de l'inexécution »***.

4. La résolution judiciaire

→ Le domaine de la résolution judiciaire

La résolution judiciaire est une **sanction** en principe propre aux **contrats synallagmatiques** (art. 1228). Mais elle sanctionne parfois l'inexécution de certains **contrats unilatéraux** (par exemple, le gage, le prêt à usage ou le prêt à intérêt), et, inversement, certains contrats synallagmatiques ne connaissent pas cette sanction : le contrat de rente viagère (art. 1978) ou le partage.

→ Les conditions de la résolution judiciaire

La résolution judiciaire suppose une **inexécution totale ou partielle**, même non fautive (due à la force majeure : Civ., 14 avril 1891, *D. P.* 1891, 1, 329, note

Planiol), et une inexécution suffisamment grave. L'article 1228 fait état des « *circonstances* ». Elle suppose, enfin, l'**intervention du juge**. Et elle est purement **facultative** pour le créancier, qui peut toujours exiger l'exécution du contrat, pour le débiteur, qui peut exécuter sa prestation s'il est encore dans les temps, pour le juge, qui dispose d'un large pouvoir d'appréciation (prononcer ou non la résolution, prononcer une résolution totale ou partielle, et accompagnée ou non de dommages-intérêts ; le juge peut encore accorder un **délai de grâce** au débiteur pour qu'il exécute son obligation). Et la réforme de 2016, sous certaines conditions, autorise une **réduction du prix** (v. art. 1223).

5. Les effets de la résolution

➜ La cessation du contrat

Le nouvel article 1229 alinéa 1er abandonne le **principe de rétroactivité** qui découlait de la jurisprudence. Il dispose, en effet, que « *la résolution* ***met fin*** *au contrat* » ce qui signifie que la résolution ne **produit effet que pour l'avenir** alors que lorsque la résolution était prononcée ou avait lieu de plein droit, le contrat était **effacé rétroactivement** (retour au *statu quo ante*). Comme l'exprimait la Cour de cassation (Civ., 4 mai 1898, *D. P.* 1898, 1, 457, note Planiol), « *les choses doivent être remises au même état que si les obligations nées du contrat n'avaient jamais existé* ». De ce fait, les parties devaient procéder aux restitutions réciproques des prestations, avec la même protection des tiers qu'en cas d'annulation du contrat (application de l'article 2276, par exemple, v. chapitre 3, 5. B.). Si le contrat n'avait pas été exécuté, le créancier était alors libéré de son obligation. Mais il existait des exceptions à la rétroactivité.

▶ En matière de contrat à exécution successive (contrats de location, de travail, par exemple), la jurisprudence estimait que la résolution opèrait sans rétroactivité, celle-ci prenant la forme d'une **résiliation** (le contrat ne disparaissaient que pour l'avenir). Rappr. Civ. 3e, 30 avril 2003, *JCP* 2004, II, 10031, note Jamin, qui donne un effet rétroactif à la résolution d'un tel contrat lorsque, dès l'origine, il n'a pas été exécuté ou l'a été imparfaitement.

▶ À propos des **contrats à exécution échelonnée**, la jurisprudence considérait que « *la résolution pour inexécution partielle atteint l'ensemble du contrat ou certaines de ses tranches seulement suivant que les parties ont voulu faire un marché indivisible ou fractionné en une série de contrats* » (Civ. 1re, 3 novembre 1983, *Bull. civ.* I, n° 252 ; Civ. 1re, 13 janvier 1987, *JCP* 1987, II, 20860, note Goubeaux).

▶ Le nouvel article 1229, après avoir précisé dans son alinéa 2 la **date de prise d'effet de la résolution** (date fixée par la clause résolutoire ; à la réception par le débiteur de la notification faite par le créancier ; à la date fixée par le juge ou à défaut au jour de l'assignation) expose à l'alinéa 3 les modalités de la restitution (**restitution intégrale** des prestations pour un contrat instantané, **absence de restitution** pour un contrat à exécution successive, la résolution étant appelée résiliation).

C– La résolution du contrat, conséquence de la survenance d'un cas de force majeure (la théorie des risques)

La partie qui est empêchée d'exécuter sa prestation à la suite de la survenance d'un cas de force majeure est libérée de son obligation. Mais le cocontractant est-il lui-même libéré de l'exécution de sa propre prestation ? C'est toute la question de la charge des risques de la force majeure. Par exemple, le locataire doit-il payer le loyer alors que le local mis à sa disposition a été détruit par un cyclone ?

1. Les solutions possibles

▶ Soit les risques sont supportés par le **créancier** de l'obligation devenue impossible : il doit alors satisfaire à sa propre obligation sans aucune contrepartie (règle « ***res perit creditori*** » : la perte est pour le créancier de l'obligation inexécutée). Dans l'exemple précité, le locataire devrait payer le loyer.

▶ Soit les risques sont supportés par le **débiteur** de l'obligation devenue impossible : le créancier est libéré de sa propre obligation (règle « ***res perit debitori*** » : la perte est pour le débiteur de l'obligation inexécutée). Dans l'exemple précité, le locataire est dispensé du paiement du loyer.

2. Les solutions retenues

➜ La règle de principe : « *res perit debitori* »

La solution de principe veut que ce soit le **débiteur de l'obligation inexécutée** qui **supporte la perte fortuite** de la chose ou de la prestation.
Par conséquent, il ne pourra pas réclamer la contre-prestation prévue (v. par exemple, art. 1722 en matière de bail d'habitation et de bail rural).

→ **La règle d'exception** : « *res perit domino* »

Cette règle s'applique en matière de **contrats translatifs de propriété** (vente, échange). En vertu des articles 1196 alinéa 1er et 1583, le transfert de propriété se réalise de plein droit par le simple échange des consentements (v. chapitre 2, 1. F.). Si la chose périt par cas fortuit avant la livraison, c'est par conséquent l'**acheteur, en sa qualité de propriétaire**, qui subit la perte et doit payer le prix (v. art. 1196 al. 3) : application de l'adage « *res perit domino* » (la perte est pour le propriétaire), ce qui revient en somme à la règle « *res perit creditori* ».
Il existe toutefois des **dérogations** à cette règle lorsque le transfert de propriété et, par voie de conséquence, des risques, est retardé (art. 1196 al. 2) : existence d'une clause de réserve de propriété jusqu'à la livraison ou au paiement du prix ; en matière de choses de genre non individualisées ; ou en cas de mise en demeure du vendeur de livrer la chose (art. 1196 al. 3 et 1344-2) ou de faute du vendeur. Dans tous ces cas, c'est le vendeur propriétaire qui supporte la perte.

2

Le fait juridique : la responsabilité extracontractuelle

chapitre 6

Les conditions de la responsabilité extracontractuelle

Le **fait juridique** est tout événement (fait de l'homme, fait matériel, phénomène de la nature) susceptible de produire des effets de droit (par exemple, le décès, un accident de la circulation).
Les faits juridiques **sources d'obligations** sont les **délits** (faits illicites intentionnels de l'homme ayant causé un dommage), les **quasi-délits** (faits illicites non intentionnels de l'homme à l'origine d'un dommage), regroupés ensemble sous la bannière commune de responsabilité délictuelle ou extracontractuelle, et les **quasi-contrats** (v. chapitre 1, 2. A.).

1. La notion de responsabilité

La responsabilité est l'**obligation de répondre de ses actes**. Elle peut avoir des objets variés.

→ La responsabilité morale

La responsabilité peut, tout d'abord, être morale, avec pour seule sanction la conscience individuelle. Faute civile et faute morale ne coïncident pas nécessairement: alors que le Code civil considère de manière identique la faute intentionnelle et la faute d'imprudence, la morale établit des degrés dans la responsabilité. Pour la responsabilité civile, la nécessité de réparer les dommages l'emporte sur l'appréciation de la culpabilité.

→ La responsabilité politique

La responsabilité peut être politique: responsabilité du gouvernement devant l'Assemblée nationale (art. 49 de la Constitution du 4 octobre 1958), par exemple.

➜ La responsabilité juridique

Cette responsabilité emprunte trois formes :

▶ La responsabilité est **administrative** lorsque, par exemple, l'État répond de la faute de service commise par un fonctionnaire.

▶ La responsabilité est **pénale** lorsque le fait commis constitue une **infraction** prévue et punie par un texte spécial (principe de légalité ; comp. art. 1240, « *tout fait quelconque* »). Elle a pour objet la ***répression*** (amende, emprisonnement) ***et non la réparation du dommage*** (dommages-intérêts) comme la responsabilité civile. La sanction pénale est proportionnée à la gravité de la faute commise (différence avec la responsabilité civile). Responsabilité civile et responsabilité pénale peuvent coïncider (par exemple, en matière d'homicide ou de blessures par imprudence), mais pas nécessairement (répression de la tentative par le droit pénal alors qu'aucun dommage n'a été causé ; sanction plus large du mensonge en droit civil qu'en droit pénal). V. chapitre 7, 1. B. sur la saisine du juge pénal en cas de concours des deux types de responsabilité.

▶ La responsabilité **civile** est l'***obligation de réparer les dommages causés à autrui***. La responsabilité civile est tout autant la sanction du manquement à une obligation (contractuelle ou délictuelle) préexistante que la source d'une obligation nouvelle (réparer le dommage causé).
La responsabilité civile nécessite trois composantes : un **préjudice**, un **fait générateur** et un **lien de causalité** entre les deux.

2. Les fondements de la responsabilité civile extracontractuelle

Deux fondements coexistent dans notre responsabilité civile :

➜ La faute

La responsabilité fondée sur la faute est historiquement la première (droit romain, Ancien droit) consacrée par le Code civil (article 1240, anc. art. 1382 : « *Tout fait quelconque de l'homme, qui cause à autrui un dommage, oblige celui par* ***la faute*** *duquel il est arrivé, à le réparer* » ; art. 1241 (anc. art. 1383) : « *Chacun est responsable du dommage qu'il a causé non seulement par son propre fait, mais encore par sa* ***négligence*** *ou par son* ***imprudence*** ») et présentant une valeur constitutionnelle (CC, 22 octobre 1982, *D.* 1983, 189, note Luchaire ; CC, 9 novembre 1999, *JCP* 2000, I, 280, n° 1, obs. Viney). Cette responsabilité est dite **subjective** car elle prend en considération le comportement de l'agent. Elle peut être engagée soit dans le cas où la victime prouve la faute (système de la **faute prouvée**), soit dans le cas où l'agent est responsable, sauf s'il démontre qu'il n'a pas commis de faute (système de la **faute présumée**).

→ Le risque

Devant le développement du machinisme au XIXe siècle et des dommages dont il était à l'origine, la responsabilité subjective s'est révélée insuffisante. Des auteurs (par exemple, Saleilles et Josserand) ont alors émis la théorie du risque, selon laquelle la responsabilité est **fondée sur le risque** (risque créé ou risque profit), indépendamment du comportement de l'agent. Cette responsabilité, qualifiée d'**objective** ou de **responsabilité de plein droit** (voire de « présomption de responsabilité »), a été consacrée par la jurisprudence (v. la « découverte » de l'article 1384 alinéa 1er [aujourd'hui art. 1242 al. 1er] en matière de responsabilité du fait des choses, *infra*) et par la loi (loi du 9 avril 1898 sur les accidents du travail, loi du 5 juillet 1985 sur les accidents de la circulation, par exemple).

3. Le déclin de la responsabilité civile individuelle

Ce déclin est dû au développement des systèmes de **mutualisation** (assurances, Sécurité sociale) ou de **socialisation** des risques (multiples ***fonds de garantie*** pour indemniser certaines victimes en matière automobile, de chasse, de certaines infractions, de terrorisme, de transfusion sanguine, d'amiante…). La loi du 5 juillet 1985, qui s'éloigne par trop des règles classiques de la responsabilité civile, est considérée par une partie de la doctrine comme participant à ce déclin.

I. Le préjudice

1. Précisions terminologiques

Les termes de **dommage** et de **préjudice** sont souvent considérés comme synonymes par la doctrine. Mais d'un strict point de vue conceptuel, ces deux notions se différencient. En effet, le dommage est l'atteinte subie par un sujet de droit dans sa personne ou son patrimoine. Le préjudice (ou dommage de droit) est la conséquence sur le plan juridique de la situation de fait (l'atteinte portée à la personne ou aux biens). Du dommage découlent des préjudices corporels, matériels ou moraux qui ne sont réparables qu'à la condition qu'ils respectent certaines exigences de droit.

2. La nécessité d'un préjudice

Le préjudice constitue la condition première de la responsabilité civile, celle-ci ayant pour fonction la réparation (v. *supra* et art. 1240 qui fait référence au dommage).

A– La typologie des préjudices

1. Le préjudice matériel

Ce préjudice, qualifié de patrimonial ou pécuniaire, est constitué par une **atteinte aux biens** de la victime.

▶ Le préjudice matériel de la **victime directe** recouvre la **perte subie** (*damnum emergens*), telle que la destruction d'un bien, et le **gain manqué** (*lucrum cessans*), telles que les pertes d'exploitation.

▶ Le préjudice matériel peut être subi par une **victime par ricochet** (par exemple, les proches d'une personne décédée à la suite d'un accident sont privés des revenus qu'elle apportait au ménage).

2. Le préjudice moral

Le préjudice moral ou extrapatrimonial recouvre des formes variées :

→ Le préjudice moral consécutif à une atteinte corporelle

La doctrine distingue :
- le **pretium doloris** (le prix de la douleur), relatif aux souffrances physiques subies par la victime directe ;
- le **préjudice esthétique**, qui est la souffrance morale éprouvée par la victime directe du fait de l'atteinte à son apparence physique ;
- le **préjudice d'agrément**, subi par la victime directe et résultant des troubles ressentis dans les conditions d'existence ;
- le **préjudice d'affection** subi par les proches de la victime directe et résultant de la perte ou de la déchéance d'un être cher. L'indemnisation de ce préjudice a été l'objet de controverses doctrinales (v. P. Esmein : « La commercialisation du dommage moral », *D.* 1954, chr. 113).

→ Le préjudice moral non consécutif à une atteinte corporelle

Il est une atteinte aux **droits de la personnalité** (droit au nom, à l'image, à l'honneur, à la vie privée, à la présomption d'innocence…).

3. Le préjudice corporel

Il consiste en l'**atteinte portée à l'intégrité physique** d'une personne. Il ne constitue pas une catégorie autonome de préjudice mais présente une nature hybride car empruntant à la fois au préjudice matériel et au préjudice moral.

→ Les préjudices matériels ou économiques consécutifs à l'atteinte corporelle

Il s'agit des frais médicaux, des conséquences pécuniaires du « déficit fonctionnel temporaire » (invalidité temporaire, avant consolidation) ou du « déficit fonctionnel permanent » (invalidité permanente, après consolidation), de la privation de ressources pour les proches.

→ Les préjudices moraux consécutifs à l'atteinte corporelle

Ces préjudices sont le *pretium doloris*, le préjudice esthétique, le préjudice d'agrément (inclus, en principe, dans le « déficit fonctionnel ») subis par la victime directe, et le préjudice d'affection subi par les victimes par ricochet.

B– Les caractères du préjudice réparable

Pour être réparable, le dommage qui a atteint la victime dans sa personne ou dans ses biens doit répondre à des exigences juridiques.

1. Préjudice légitime

→ Précisions terminologiques

Sur le plan terminologique, la qualification doctrinale et jurisprudentielle de « préjudice légitime » constitue une redondance car il n'est pas envisageable de réparer un dommage qui serait contraire au droit.

→ Droit positif

▸ L'exigence d'un préjudice « légitime » ne signifie pas, par ailleurs, que le demandeur doive invoquer une atteinte à un droit subjectif muni d'action. Il faut, et il suffit, que la victime se prévale de la **lésion d'un intérêt légitime** (v. art. 31, CPC), notion à contenu variable.

▶ En ce qui concerne, par exemple, l'**action en dommages-intérêts de la concubine** à l'encontre du responsable du décès accidentel du concubin, la jurisprudence civile avait estimé que la concubine n'invoquait pas « *la lésion certaine d'un intérêt légitime, juridiquement protégé* » (Civ., 27 juillet 1937, *D. P.* 1938, 1, 5, note Savatier). Une chambre mixte (27 février 1970, *JCP* 1970, II, 16305, concl. Lindon, note Parlange) considéra finalement recevable l'action de la concubine au motif que l'article 1382 (art. 1240 nouveau) « *n'exige pas, en cas de décès, l'existence d'un lien de droit entre le défunt et le demandeur en indemnisation* ». Mais cette indemnisation suppose une relation stable et continue (v. Crim., 8 janvier 1985, *JCP* 1986, II, 20588, note Endréo : « *caractère précaire de la double liaison invoquée* » dans le cas où le défunt avait eu deux maîtresses ; v. aussi art. 515-8 précisant que le concubinage résulte de l'« *union de fait, caractérisée par une vie commune présentant un caractère de stabilité et de continuité, entre deux personnes, de sexe différent ou de même sexe, qui vivent en couple* »).

▶ À propos de l'action en responsabilité exercée par **un enfant né handicapé** à la suite d'une faute de diagnostic médical sur l'état de santé de la mère, la Cour de cassation (Ass. plén., 17 novembre 2000, arrêt *Perruche*, *JCP* 2000, II, 10438, rapp. Sargos, concl. Sainte-Rose, note Chabas) a considéré que « *dès lors que les fautes commises par le médecin et le laboratoire dans l'exécution des contrats formés avec Mme X avaient empêché celle-ci d'exercer son choix d'interrompre sa grossesse afin d'éviter la naissance d'un enfant atteint d'un handicap, ce dernier peut demander* ***la réparation du préjudice résultant de ce handicap et causé par les fautes retenues*** ». Cette décision a été l'objet de vives critiques doctrinales. Des auteurs ont, en effet, fait valoir que, même si elle plaçait le débat sur le terrain de la ***causalité*** (inexistante en réalité car le handicap résulte d'un état antérieur et extérieur aux fautes médicales), masquant ainsi la véritable question : « naître constitue-t-il un préjudice réparable ? », la Haute juridiction méconnaissait l'**exigence de légitimité du préjudice** : l'enfant ne peut pas invoquer la lésion d'un intérêt juridiquement protégé, donc légitime, car ***il ne dispose pas du droit de naître ou de ne pas naître***.

Entendant ces critiques, le législateur (**loi du 4 mars 2002** relative aux droits des malades) a édicté la règle : « *Nul ne peut se prévaloir d'un préjudice du seul fait de sa naissance* » (art. L. 114-5 al. 1er CASF). Les parents de l'enfant né avec un handicap non décelé pendant la grossesse peuvent, en revanche, en cas de faute « *caractérisée* » du professionnel, demander une indemnité mais « *au titre de leur seul préjudice* » (art. L. 114-5 al. 3 CASF).

2. Préjudice certain

► La réparation du préjudice suppose qu'il soit **effectif, certain,** c'est-à-dire actuel, réalisé.

► Cependant, le **préjudice futur** peut être réparé s'il est certain qu'il se réalisera (nécessité d'une probabilité suffisante). Le préjudice futur apparaît alors comme *« la prolongation certaine et directe d'un état de chose actuel et comme étant susceptible d'estimation immédiate »* (Crim., 1er juin 1932, *S.* 1933, 1, 49, note Mazeaud) : par exemple, le juge peut accorder à la victime frappée d'une invalidité un capital ou une rente en tenant compte des circonstances prévisibles.

► Le préjudice **éventuel** ou hypothétique n'est, en revanche, pas réparable.

► Entre le préjudice futur (réparable) et le préjudice éventuel (non réparable) se situe la notion de **perte d'une chance**: par exemple, perte d'une chance pour le propriétaire d'un cheval accidenté de gagner une course, perte d'une chance pour l'étudiant blessé dans un accident de la circulation de réussir un concours. La perte d'une chance n'est juridiquement prise en considération qu'à la condition qu'existe une **probabilité suffisante** que l'événement attendu se serait réalisé. Et la réparation consiste seulement en une fraction et non en la totalité du gain espéré.

3. Préjudice personnel

Le préjudice ne peut être réparé qu'à la condition d'être personnel à celui qui l'invoque.
Cette exigence pose la question de la recevabilité en justice des **personnes morales** (limitées dans leurs possibilités d'agir par le principe de spécialité).

► Aucune difficulté n'existe et le préjudice subi est bien personnel lorsque la personne morale (par exemple, une société commerciale ou civile) subit une atteinte à son **nom**, à sa **réputation** ou à ses **biens**.

► Délicate, en revanche, est la situation où un groupement de personnes entend défendre des **intérêts collectifs**. Les **syndicats professionnels** ont reçu de la loi l'habilitation à agir en justice pour la défense de *« l'intérêt collectif de la profession qu'ils représentent »* en cas de préjudice direct ou indirect (art. L. 2132-3, C. trav.).
Les **ordres professionnels** sont également habilités par la loi à agir pour la défense des intérêts de la profession (par exemple, exercice illégal de la profession).
Les **associations**, sauf celles spécialement habilitées par le législateur (v. art. 2-1 et s., CPP), ne sont, en principe, pas recevables à agir pour la défense d'un intérêt collectif.

4. Préjudice non reparé

La victime ne peut être indemnisée qu'une seule fois, l'indemnisation faisant disparaître le préjudice (v. chapitre 7, 2. B.). Mais il arrive qu'un organisme de garantie verse une somme à la victime. Celle-ci peut-elle cumuler la somme due par le responsable et celle versée par l'organisme ? Les réponses sont variées.

▶ En matière d'**assurances de personnes**, le cumul est, en principe, possible (v. art. L. 131-2 al. 1er, C. assur.). Mais il existe une exception pour les prestations à caractère indemnitaire : l'assureur dispose alors d'un recours. Dans les **assurances de dommages**, l'assureur qui a payé l'indemnité d'assurance est subrogé dans les droits de son assuré contre le tiers responsable (art. L. 121-12 al. 1er, C. assur.), ce qui empêche le cumul.

▶ S'agissant de la Sécurité sociale et des autres tiers payeurs, les textes (art. 28 et suivants de la loi du 5 juillet 1985 et art. L. 454-1, C. séc. soc.) prévoient un recours dans une certaine limite.

5. Préjudice direct

▶ Cette condition fait référence au **lien de causalité** (v. *infra*) et signifie que le préjudice n'est réparable que s'il est le résultat direct du fait dommageable.

▶ Elle pose aussi la question de l'action des **victimes par ricochet** (ou médiates). Le préjudice par ricochet ou réfléchi est celui subi **par répercussion** par une personne (la victime médiate) du fait du dommage qui atteint une autre personne (la victime directe ou immédiate), par exemple les proches d'une victime blessée ou décédée. Ce préjudice par ricochet est réparable.
Il ne faut pas confondre le préjudice par ricochet avec celui subi par la personne décédée et dont les proches parents réclament l'indemnisation en leur qualité d'**héritiers** (v. Cass., ch. mixte, 30 avril 1976, *D.* 1977, 185, note Contamine-Raynaud admettant l'action des héritiers pour les préjudices tant matériels que moraux subis par la victime de son vivant).

II. Le fait générateur

Le fait générateur de responsabilité peut consister en un fait personnel, un fait d'autrui ou encore en un fait d'une chose.

A– La responsabilité du fait personnel

Cette responsabilité est fondée sur les articles 1240 (anc. art. 1382) et 1241 (anc. art. 1383). Elle est une responsabilité pour faute.

1. La notion de faute

➜ La diversité des fautes

La doctrine opère des distinctions :

- la **faute intentionnelle** est celle qui est commise avec l'intention de causer le dommage (délit, art. 1240) ;
- la **faute non intentionnelle** est celle accomplie sans cette intention, avec imprudence ou négligence (quasi-délit, art. 1241) ;
- la **faute lourde** est celle qui révèle une incurie particulièrement grave ;
- la **faute inexcusable** est la faute délibérée impliquant la conscience de la probabilité du dommage et son acceptation téméraire sans raison valable.

À l'opposé de la responsabilité contractuelle, la responsabilité délictuelle est, en principe, indifférente à la gravité ou au caractère intentionnel de la faute commise (v. cependant la loi du 5 juillet 1985, *infra*).

La doctrine distingue encore :

- la **faute de commission**, consistant en un fait positif de l'homme ;
- la **faute d'omission**, consistant en une abstention de l'homme ***dans l'action*** (omettre de freiner) ou une ***abstention pure et simple*** (omission de secours à personne en péril; rappr. Civ., 27 février 1951, *D.* 1951, 329, note Desbois : cas particulier de responsabilité d'un historien omettant de citer le nom d'un personnage connu).

➜ Les éléments de la faute

La faute, dans la conception classique, comportait deux éléments : un élément objectif ou matériel et un élément subjectif ou psychologique. Le second a disparu, du moins en ce qui concerne la faute d'imprudence ou de négligence.

► L'**élément objectif** est l'**illicéité de l'acte**. La faute est un fait illicite, c'est-à-dire contraire à la loi ou aux usages (y compris professionnels ou sportifs comme les règles du jeu). Planiol considérait que la faute est le « *manquement à une obligation préexistante* » (*Rev. crit. législ. et jurisp.* 1905, p. 283). Plus exactement, la faute est un « *comportement défectueux* » (N. Dejean de la Bâtie, *in* Aubry et Rau, n° 21) de l'homme. S'agissant de la faute par imprudence ou négligence, la doctrine enseigne qu'elle est l'erreur de conduite que n'aurait pas commise l'homme prudent, droit et avisé placé dans les mêmes circonstances que l'auteur. V. *infra*.

▶ L'**élément subjectif** ou imputabilité morale consiste en la conscience de son acte. Condition d'existence de la faute dans la **conception classique**, son absence entraînait ***l'irresponsabilité civile du dément*** (Req. 14 mai 1866, *S.* 1866, 1, 237) et ***de l'enfant en bas âge*** (Civ. 2e, 7 décembre 1977, *Bull. civ.* II, n° 233).
Cette exigence de la conscience d'agir a disparu (d'où l'idée de faute objective retenue en doctrine [conception moderne de la faute]), tant en ce qui concerne les **déments** (art. 414-3 : « *celui qui a causé un dommage à autrui alors qu'il état sous l'empire d'un trouble mental, n'en est pas moins obligé à réparation* » qu'en ce qui concerne les **enfants en bas âge** (Cass., Ass. plén., 9 mai 1984, *D.* 1984, 525, concl. Cabannes, note Chabas : arrêts *Lemaire* et *Derguini* : *infans* victime ; Civ. 2e, 12 décembre 1984, *Bull. civ.* II, n° 193 : *infans* auteur, les juges n'étant pas tenus de vérifier si le mineur est capable « *de discerner les conséquences de son acte* »). La doctrine estime que la disparition de la condition de discernement n'est relative qu'à la faute d'imprudence ou de négligence.

2. L'appréciation judiciaire de la faute

▶ Il existe deux systèmes possibles d'appréciation de la faute :
- l'**appréciation** *in concreto*, qui prend en considération les données personnelles d'ordre psychologique de l'agent ;
- l'**appréciation** *in abstracto*, qui opère une comparaison entre le comportement de l'agent et celui d'un standard de référence : le « **bon père de famille** », c'est-à-dire l'homme prudent, droit et avisé placé dans les mêmes circonstances que l'auteur du dommage. Mais, comme une partie de la doctrine l'a montré, une appréciation *in abstracto* est « abstraite » uniquement en ce sens que la psychologie de l'agent est indifférente. Elle ne signifie pas que les références concrètes doivent être méconnues. Lorsque le juge apprécie la conduite de l'agent, il prend en considération les circonstances de profession, de temps, de lieu, les aptitudes particulières, voire l'état physique.

▶ La jurisprudence retient une appréciation *in concreto* pour la **faute intentionnelle** (Civ., 15 mars 1910, *D. P.* 1913, 1, 43) et une appréciation *in abstracto* pour la **faute d'imprudence ou de négligence**.

3. Faute et exercice d'un droit

▶ La faute peut résulter de l'**exercice abusif d'un droit**, l'abus résidant soit dans le but poursuivi par l'agent de porter préjudice à autrui (v. Req. 3 août 1915, *D.P.* 1917, 1, 79 affaire Clément-Bayard: propriétaire qui agit sans utilité pour lui), soit dans les moyens employés (abus dans l'exercice d'une procédure judiciaire ou d'une voie d'exécution).

▶ La Cour de cassation admet encore la responsabilité sans faute, de plein droit (fondement autonome) du propriétaire lorsque le trouble causé **excède les inconvénients normaux du voisinage** (fumées, bruits, trépidations). Cependant, l'antériorité de l'activité agricole, industrielle, artisanale, commerciale ou aéronautique créatrice du trouble par rapport à l'installation de la victime empêche, en principe, celle-ci d'agir en justice (théorie de la « pré-occupation », v. art. L. 112-16, C. constr. et hab.).

4. La disparition de la faute

▶ La faute disparaît en présence de l'un des **faits justificatifs**: légitime défense, ordre de la loi ou commandement de l'autorité légitime, état de nécessité voire consentement de la personne, dont l'étude relève du droit pénal général.

▶ Plus spécifique à la matière civile, l'**acceptation des risques**, inopérante en matière de responsabilité pour faute prouvée, a été parfois admise en matière de responsabilité du fait des choses (par exemple, dans le cas de compétitions sportives ; v. une remise en cause par Civ. 2e, 4 novembre 2010, *Bull. civ.* II, n° 176 ; v. aussi Civ. 2e, 21 mai 2015, *D.* 2015, 2164, note Casson).

5. La responsabilité civile des personnes morales

▶ La jurisprudence admet traditionnellement qu'une personne morale peut commettre une faute civile par l'**intermédiaire de ses représentants légaux**: « *une personne morale répond des fautes dont elle se rend coupable par ses organes* » (Civ. 2e, 17 juillet 1967, *Bull. civ.* II, n° 261).

▶ La responsabilité de la personne morale n'est pas exclusive de la **responsabilité personnelle** de l'organe lui-même, personne physique, lorsqu'est démontrée une faute personnelle du représentant séparable de ses fonctions (v. Com., 20 mai 2003, *D.* 2003, 1502, note Lienhard) et il en est ainsi lorsque le dirigeant « *commet* ***intentionnellement*** *une faute d'une particulière gravité incompatible avec l'exercice des fonctions sociales* » (arrêt précité).

B – La responsabilité du fait d'autrui

1. L'interprétation restrictive des cas de responsabilité du fait d'autrui

L'article 1242 (anc. art. 1384) énumère **plusieurs cas de responsabilité du fait d'autrui** : responsabilité des père et mère du fait de leurs enfants mineurs habitant avec eux, des commettants du fait de leurs préposés, des artisans et des instituteurs du dommage causé par leurs apprentis et élèves.
Les tribunaux avaient longtemps interprété de manière limitative ces hypothèses de responsabilité, refusant de voir dans la formule de l'article 1384, alinéa 1er (« *on est responsable [...] du dommage [...] causé par le fait des personnes dont on doit répondre* ») un principe général de responsabilité du fait d'autrui, à la différence de l'interprétation qu'ils donnaient de l'alinéa 1er de cet article en matière de responsabilité du fait des choses. Cette **absence de symétrie** avait été critiquée (v. R. Savatier, « La responsabilité générale du fait des choses que l'on a sous sa garde a-t-elle pour pendant une responsabilité générale du fait des personnes dont on doit répondre ? », *D. H.* 1933, ch. 81).

2. Un principe général de responsabilité du fait d'autrui

➜ L'affirmation d'un principe général de responsabilité du fait d'autrui

Dans un **arrêt d'Assemblée plénière du 29 mars 1991** (arrêt *Blieck*, *JCP* 1991, II, 21673, concl. Dontenwille, note Ghestin), la Cour de cassation a admis la **responsabilité sans faute** d'une association gérant un **centre d'aide par le travail** du fait (un incendie) commis par un handicapé mental placé dans ce centre et qui disposait d'une totale liberté de circulation dans la journée, au motif que « *l'**association** avait accepté la charge d'**organiser** et de **contrôler, à titre permanent**, le mode de vie de ce handicapé* » et que, de ce fait, elle devait répondre des dommages qu'il avait causés. La Cour de cassation a ensuite étendu cette jurisprudence aux associations sportives du fait des dommages causés par un joueur amateur (Civ. 2e, 22 mai 1995, *Bull. civ.* II, n° 155, 1re espèce Cass. ass. plén., 29 juin 2007, *Bull. civ.*, n° 7), et même à une personne physique, un **tuteur**, du fait du mineur (Crim., 28 mars 2000, *D.* 2000, som. com. p. 466, obs. Mazeaud; v., en sens contraire, Civ. 2e, 25 février 1998, *D.* 1998, 315, concl. Kessous). Mais un **syndicat n'est pas responsable de plein droit** des agissements de ses **adhérents**, au cours des manifestations auxquelles ils participent (Civ. 2e, 26 octobre 2006, *Bull. civ.*, n° 299).

Par conséquent, pour la Cour de cassation, l'article 1384 alinéa 1er édicte un **principe de droit** : on est responsable du dommage qui est causé par le fait des *« personnes dont on doit répondre »*.

➜ La nature de la responsabilité générale du fait d'autrui

La Cour de cassation a précisé que « *les personnes tenues de répondre du fait d'autrui au sens de l'article 1384, alinéa 1er, du Code civil, ne peuvent s'exonérer de la* ***responsabilité de plein droit*** *résultant de ce texte en démontrant qu'elles n'ont commis aucune faute* » (Crim., 26 mars 1997, *Bull. crim.*, n° 124). De ce fait, cette responsabilité est **objective**. Seules la force majeure et la faute de la victime ont vocation à exonérer le responsable.

➜ L'articulation du principe général de responsabilité du fait d'autrui et des responsabilités spéciales du fait d'autrui

Le principe général ainsi dégagé **ne se substitue pas aux cas spéciaux** de responsabilité du fait d'autrui établis par le Code civil. Il les complète. Se constatent alors des **concours de responsabilités** du fait d'autrui dont les solutions sont incertaines.

3. La responsabilité des parents du fait de leurs enfants mineurs

L'article 1242 alinéa 4 dispose : « *Le père et la mère, en tant qu'ils exercent l'autorité parentale, sont solidairement responsables du dommage causé par leurs enfants mineurs habitant avec eux.* »

➜ Les personnes responsables

▶ L'article 1242 alinéa 4 rend responsables les **père et mère** (peu importe que la filiation soit légitime, naturelle ou adoptive) qui exercent l'autorité parentale.

▶ Les **tiers** à qui est confié l'enfant (par exemple, les grands-parents) ne peuvent voir leur responsabilité engagée sur le fondement de cet article.

➜ Les conditions de la responsabilité des père et mère

▶ Cette responsabilité suppose que l'enfant soit un **mineur non émancipé** ; l'émancipation de plein droit ou judiciaire comme l'âge de la majorité mettent fin à l'autorité parentale.

▶ L'enfant doit cohabiter avec les parents. Mais l'exigence de la **cohabitation** a subi une évolution jurisprudentielle. La Cour de cassation retient aujourd'hui une conception juridique (et non plus matérielle) de la cohabitation (v. Civ. 2e, 20 janvier 2000, *Bull. civ.* II, n° 14 : « *la cohabitation de l'enfant avec ses père et mère [...] résulte* *de la résidence habituelle de l'enfant au domicile des parents ou de l'un d'eux* »). Par conséquent, la présence de l'enfant mineur dans un établissement scolaire, même en **régime d'internat**, ne supprime pas la cohabitation de l'enfant avec ses parents (Crim., 18 mai 2004, *Bull. crim.*, n° 123). Il en est de même lorsque l'enfant séjourne chez ses **grands-parents** dès lors qu'il réside habituellement avec ses père et mère (Civ. 2e, 5 février 2004, *Bull. civ.* II, n° 50).

▶ La responsabilité des père et mère suppose enfin un fait dommageable de l'enfant (sur la responsabilité personnelle de l'enfant, v. *supra*). Mais il suffit que le mineur ait commis « *un* ***acte*** *qui soit la* ***cause directe du dommage*** *invoqué par la victime* » (Cass., Ass. plén., 9 mai 1984, arrêt *Fullenwarth*, *JCP* 1984, II, 20255, note Dejean de la Bâtie; Civ. 2e, 10 mai 2001, *JCP* 2001, II, 10613, note Mouly; Cass., Ass. plén., 13 décembre 2002, deux arrêts, *D.* 2003, 231, note Jourdain). Seule la **causalité** est juridiquement prise en considération: tout acte, même normal et correct (donc non fautif) mais en rapport de causalité avec le dommage, engage la responsabilité des parents.

→ La nature juridique de la responsabilité des père et mère

▶ Pendant longtemps, la jurisprudence avait considéré que l'alinéa 7 de l'ancien article 1384, qui exclut la responsabilité des parents lorsqu'ils n'ont pu « *empêcher le fait* » qui donne lieu à cette responsabilité, instaurait une **présomption de faute**: les père et mère pouvaient tenter d'établir qu'ils avaient correctement éduqué et surveillé l'enfant.

▶ La Cour de cassation a opéré un revirement de jurisprudence avec l'arrêt *Bertrand* du 19 février 1997, (*Bull. civ.* II, n° 56, confirmé par Cass., Ass. plén., 2002, *supra*), en estimant que la responsabilité des père et mère est « **de plein droit** ». Les parents ne peuvent s'exonérer qu'en prouvant un cas de force majeure (appréciée en leur personne) ou une faute de la victime.

→ Le cumul des responsabilités

La condamnation des père et mère sur le fondement de l'article 1242 (anc. 1384) al. 4 ne fait pas obstacle à la **condamnation personnelle du mineur** sur le fondement de l'article 1240 (anc. article 1382) : Civ. 2e, 11 septembre 2014, *D.* 2015, 124, obs. Brun et Gout.

4. La responsabilité des artisans du fait de leurs apprentis

L'article 1242 alinéa 6 dispose que les **artisans** sont responsables du dommage causé par **leurs apprentis pendant le temps qu'ils sont sous leur surveillance**.

La responsabilité de l'artisan est, pour l'essentiel, calquée sur celle des père et mère. Il faut considérer, depuis l'arrêt *Bertrand* de 1997, que la responsabilité de l'artisan est ainsi une **responsabilité de plein droit**.

5. La responsabilité des commettants du fait de leurs préposés

L'article 1242 alinéa 5 déclare responsables « *les maîtres et les commettants, du dommage causé par leurs domestiques et préposés dans les fonctions auxquelles ils les ont employés* ».

➜ Les conditions de la responsabilité

▸ La première condition est l'existence d'un **rapport de préposition**, c'est-à-dire un rapport de subordination (le droit de donner au préposé des ordres ou des instructions : Civ., 4 mai 1937, *D. H.* 1937, 363). Ce rapport de préposition peut découler d'un contrat de travail mais pas nécessairement.

▸ Le fait commis par le préposé doit être **fautif** (peu importe la gravité). En revanche, le préposé ne peut être gardien (seul le commettant peut avoir cette qualité), les qualités de préposé et de gardien étant incompatibles (Civ., 30 décembre 1936, *D. P.* 1937, 1, 5, rapp. Josserand, note Savatier).

▸ L'article 1242 alinéa 5 soumet enfin la responsabilité des commettants à la condition que le dommage ait été causé par leurs préposés « ***dans les fonctions** auxquelles ils les ont employés* ». Le fait dommageable ne doit donc pas être indépendant du rapport de préposition. La difficulté réside dans la situation dite de l'**abus de fonction**, c'est-à-dire le cas où l'acte commis par le préposé est étranger à sa mission sans être cependant dépourvu de tout rapport avec les fonctions, celles-ci ayant permis ou facilité le fait dommageable (par exemple le salarié d'une entreprise de surveillance qui met le feu à l'entrepôt qu'il était chargé de garder). Après des divergences de jurisprudence ayant nécessité cinq fois la réunion de la plus haute formation de la Cour de cassation, celle-ci a finalement considéré que « *le commettant ne s'exonère de sa responsabilité que si son préposé a agi **hors des fonctions** auxquelles il était employé, **sans autorisation** et à des **fins étrangères à ses attributions*** » (Cass., Ass. plén., 19 mai 1988, *D.* 1988, 513, note Larroumet). La Cour de cassation fait cependant une place à l'**apparence** (la croyance légitime de la victime que le préposé agissait dans l'exercice de ses fonctions empêche le commettant de s'exonérer : Civ. 2e, 29 mai 1996, *Bull. civ.* II, n° 118).

→ La nature juridique de la responsabilité du commettant

L'article 1242 alinéa 5 instaure une **responsabilité de plein droit** du commettant (responsabilité objective). Le commettant ne peut donc s'exonérer en démontrant qu'il n'a pas commis de faute. Seules la **force majeure** (conditions réunies chez le préposé) et la **faute de la victime** peuvent l'exonérer.

→ L'articulation des responsabilités du commettant et du préposé

Classiquement, la responsabilité du commettant **n'excluait pas la responsabilité personnelle** de ses préposés. La victime pouvait agir soit contre le commettant, soit contre le préposé, soit encore cumulativement contre les deux. Et le commettant condamné disposait d'un recours contre son préposé.

Par un arrêt d'Assemblée plénière du 25 février 2000 (*D.* 2000, 673, note Brun), la Cour de cassation a remis en cause ce schéma. Elle a, en effet, considéré que « *n'engage pas sa responsabilité à l'égard des tiers le préposé qui agit sans excéder les* ***limites de la mission*** *qui lui a été impartie par son commettant* ». Dans ce cas, le préposé bénéficie d'une **immunité personnelle** à l'égard de la victime; seul le commettant est responsable. On doit aussi admettre que le commettant condamné ne peut plus exercer de recours contre son préposé qui a agi dans les limites de sa mission. Mais la Cour de cassation (Ass. plén., 14 décembre 2001, *JCP* 2002, II, 10026, note Billiau) a ensuite apporté une **restriction à l'immunité** civile en considérant que « *le préposé* ***condamné pénalement*** *pour avoir* ***intentionnellement*** *commis, fût-ce sur l'ordre du commettant, une* ***infraction*** *ayant porté préjudice à un tiers, engage sa responsabilité civile à l'égard de celui-ci* ».

6. La responsabilité des instituteurs du fait de leurs élèves

→ Évolution

- Le Code civil de 1804 soumettait les instituteurs à une **présomption de faute** analogue à celle des parents et des artisans (art. 1384 al. 6 dorénavant art. 1242 al. 6).

- Une loi du 20 juillet 1899 **substitua la responsabilité de l'État à celle des membres de l'enseignement public**.

- Enfin, une loi du 5 avril 1937 a **supprimé la présomption** et précisé qu'« *en ce qui concerne les instituteurs, les fautes, imprudences ou négligences invoquées contre eux comme ayant causé le fait dommageable, devront être* ***prouvées,*** *conformément au droit commun, par le demandeur à l'instance* » (alinéa 8 de l'article 1242).

→ Les conditions de la responsabilité

▶ La notion d'instituteur est entendue de manière compréhensive. En effet, il s'agit de **tous les enseignants** de l'enseignement primaire et secondaire, voire, à titre exceptionnel, supérieur (lorsque leur incombe une obligation particulière de surveillance : les chargés de travaux pratiques de chimie, par exemple), public ou privé.

▶ La responsabilité édictée par l'article 1242 alinéa 6 s'applique tant au dommage causé **par l'instituteur** qu'à celui causé **par un élève** dès lors que celui-ci était **sous la surveillance** de l'enseignant, soit à l'école, soit lors d'une sortie organisée « *dans un but d'enseignement ou d'éducation physique* » (art. L. 911-4 al. 2 Code de l'Éducation nationale). Peu importe que la victime soit un tiers ou un autre élève.

▶ La victime doit, en tout état de cause, **prouver** la faute de l'enseignant (défaut de surveillance en cas de dommage causé par l'élève).

→ La mise en œuvre de la responsabilité

Des **règles spéciales de procédure** ont été édictées au profit des enseignants du secteur public et du secteur privé sous contrat d'association. **La responsabilité de l'État est substituée à celle de l'enseignant**, qui ne peut pas être mis en cause par la victime. L'action doit être dirigée contre le préfet dans les trois ans à compter du fait dommageable. L'État dispose d'une action récursoire contre l'instituteur, voire contre un tiers (v. art. L. 911-4 Code de l'Éducation).

C– La responsabilité du fait des choses

1. La découverte d'un principe général de responsabilité du fait des choses

▶ L'article 1242 alinéa 1er dispose : « *On est responsable non seulement du dommage que l'on cause par son propre fait* [rappel des articles 1240-1241], *mais encore de celui qui est causé par le fait des personnes dont on doit répondre* [à l'origine annonce des autres alinéas de l'article 1384 (1242 nouv.) consacrés à la responsabilité du fait d'autrui, v. *supra*], *ou des choses que l'on a sous sa garde* [annonce des articles 1385 (1243 nouv.) et 1386 (1244 nouv.) relatifs à la responsabilité du propriétaire d'un animal et à celle du propriétaire d'un bâtiment en ruine] ».

▶ Sous l'influence du machinisme (développement des moyens industriels et de transport, sources de dommages) ainsi que des propositions doctrinales (Saleilles et Josserand), la Cour de cassation a considéré que l'alinéa 1er *in fine* de l'article 1384 [1242] énonçait un **principe général de responsabilité**, une **règle**

autonome selon laquelle on est responsable du dommage causé par le fait des choses que l'on a sous sa garde (règle de fond doublée d'une règle de preuve, v. *infra*), d'abord dans l'arrêt *Teffaine* du 16 juin 1896 (*S.* 1897, 1, 17, note Esmein), puis dans l'arrêt *Jand'heur* des chambres réunies du 13 février 1930 (*S.* 1930, 1, 121, note Esmein).
À côté des cas spéciaux de responsabilité du fait des choses établis par le Code civil (responsabilité du fait des animaux ou des bâtiments en ruine) sont venues s'ajouter la loi du 5 juillet 1985 relative aux accidents de la circulation et la loi du 19 mai 1998 relative à la responsabilité du fait des produits défectueux.

2. La responsabilité du fait des choses en général

➜ La notion de chose

▸ La notion est entendue de manière compréhensive. L'article 1242 alinéa 1er s'applique à **toute chose mobilière ou immobilière** (arbre, terrain, ascenseur), actionnée ou non par la main de l'homme, comportant ou non un vice interne, dangereuse ou non (v. l'arrêt *Jand'heur*).

▸ Cependant, sont **hors du champ** d'application de l'article 1242 alinéa 1er : les animaux (art. 1243), les bâtiments en ruine (art. 1246), les véhicules terrestres à moteur (loi du 5 juillet 1985), mais aussi les navires et bateaux en cas d'abordage et les accidents nucléaires, qui sont soumis à des lois spéciales.
Les choses **qui n'ont jamais eu de maître** ou qui sont **abandonnées** (voir cependant Civ. 2e, 10 février 1982, *JCP* 1983, II, 20069, note Cœuret) ne sont pas soumises à l'article 1242 alinéa 1er.

▸ En cas de « **communication d'incendie** » (hypothèse où une chose incendiée cause un préjudice à un tiers), l'article 1242 alinéa 2 exige la preuve d'une faute de celui qui détient à un titre quelconque « *tout ou partie de l'immeuble ou des biens mobiliers dans lesquels [l']incendie a pris naissance* » (inapplication de l'article 1242 alinéa 1er).

➜ Le fait de la chose

La chose doit avoir joué un **rôle actif** dans la réalisation du dommage. Elle doit être la « cause génératrice » du dommage, ou encore « l'instrument du dommage », selon des expressions jurisprudentielles. La notion de fait des choses renvoie, par conséquent, à une exigence de **causalité**. La jurisprudence a établi la distinction suivante :

▸ Lorsqu'une **chose en mouvement** est entrée en **contact avec la victime ou ses biens**, l'intervention matérielle (qui doit être prouvée par la victime) de la chose entraîne automatiquement son intervention causale, c'est-à-dire qu'il existe une **présomption** (v. *infra* les cas d'exonération) que la chose a eu un rôle actif dans la production du dommage.

▸ Lorsqu'une **chose est en mouvement** mais n'est **pas entrée en contact** avec la victime ou ses biens ou lorsque **la chose est inerte**, la victime doit démontrer que la chose a eu un rôle actif dans la réalisation du dommage, c'est-à-dire qu'elle occupait une position anormale ou qu'elle était en mauvais état (v. Civ. 2e, 11 janvier 1995, *Bull. civ.* II, n° 18). Mais, à propos de la situation où une personne heurte une vitre d'un magasin, la Cour de cassation semble considérer que le fait de la victime établit nécessairement « *l'intervention de la paroi vitrée dans la réalisation du dommage* » (Civ. 2e, 15 juin 2000, *Bull. civ.* II, n° 103; rappr. Civ. 1re, 24 février 2005, *Bull. civ.* II, n° 51).

→ La garde

▸ La Cour de cassation a retenu une **conception matérielle** (et non juridique) de la garde: l'***usage***, la ***direction*** et le ***contrôle*** de la chose (Cass., ch. réun., 2 décembre 1941, arrêt *Franck*, *D. C.* 1942, 25, rapp. Lagarde, note Ripert, qui a considéré qu'en cas de vol d'un véhicule, le gardien est le voleur et non le propriétaire dépossédé de la chose).

▸ La garde supposant une **indépendance** de la part de celui qui l'exerce, les qualités de gardien et de préposé sont incompatibles (v. *supra*).

▸ La **faculté de discernement** est **indifférente** à la notion de gardien. Un dément peut être gardien (Civ. 2e, 18 décembre 1964, arrêt *Trichard*, *JCP* 1965, II, 14304, note Dejean de la Bâtie, et article 489-2), de même qu'un enfant en bas âge (Cass., Ass. plén., 9 mai 1984, arrêt *Gabillet*, *JCP* 1984, II, 20255 [1er arrêt], note Dejean de la Bâtie: enfant de trois ans).

▸ Les **pouvoirs** d'usage, de direction et de contrôle peuvent n'être que **temporaires**, ne durer qu'un instant (v. Civ. 2e, 10 février 1982, précité: coup de pied dans une bouteille abandonnée).

▸ La garde peut être l'objet d'un **transfert** dès lors que le nouveau détenteur a un pouvoir indépendant du précédent (par exemple, vente, location, prêt en principe).

▸ La garde est **alternative** et non cumulative, c'est-à-dire qu'une seule personne peut, à un moment donné, exercer les pouvoirs de gardien. Mais la Cour de cassation considère parfois que deux personnes exercent, **à des titres différents**, les pouvoirs de gardien **simultanément** (cas de dissociation de la **garde de la structure et de la garde du comportement** pour les choses ayant « un dynamisme propre et dangereux » : par exemple, Civ. 2e, 5 janvier 1956, *JCP* 1956, II, 9095, note Savatier, affaire de « l'oxygène liquide »). Comp. art. 1245 et s. (v. *infra*).

▸ Enfin, la jurisprudence admet parfois que plusieurs personnes exercent **en commun**, simultanément, les pouvoirs d'usage, de direction et de contrôle (cas des joueurs dont le ballon a blessé un spectateur, des chasseurs blessant un tiers) ; v. *infra*, 3. A.

➜ L'exonération du gardien

▸ La preuve de l'absence de faute, du rôle passif (sauf cas exceptionnels) ou que la cause du dommage est inconnue sont des moyens **inopérants**.

▸ Les moyens juridiquement pris en considération sont la **force majeure** ou le **fait du tiers** qui présente le caractère de la force majeure (exonération totale), ou la **faute de la victime** (exonération totale ou partielle selon qu'elle présente ou non les caractères de la force majeure).

3. La responsabilité du fait des animaux

L'article 1243 (anc. art. 1385) dispose : « *Le propriétaire d'un animal, ou celui qui s'en sert, pendant qu'il est à son usage, est responsable du dommage que l'animal a causé, soit que l'animal fût sous sa garde, soit qu'il fût égaré ou échappé.* »
Cet article édicte une **responsabilité de plein droit** du gardien dont le régime est, *mutatis mutandis*, celui de la responsabilité du fait des choses.

4. La responsabilité du fait de la ruine des bâtiments

L'article 1244 (anc. art. 1386) dispose : « *Le propriétaire d'un bâtiment est responsable du dommage causé par sa ruine, lorsqu'elle est arrivée par la suite du défaut d'entretien ou par le vice de sa construction.* »
L'article 1244 instaure une **responsabilité de plein droit** pesant sur le seul propriétaire du bâtiment (construction réalisée avec des matériaux stables et durablement fixée au sol), qui exclut l'application de l'article 1242 alinéa 1er dès lors que le dommage résulte de la ruine du bâtiment (Civ., 4 août 1942, *D. C.* 1943, 1, note Ripert). En revanche, l'article 1244 n'exclut pas que les dispositions de l'article 1242 alinéa 1er soient invoquées à l'encontre du gardien non propriétaire (l'usufruitier ou le titulaire d'un droit d'usage : v. Civ. 2e, 23 mars 2000, *Bull. civ.* II, n° 54).

5. La responsabilité du fait des produits défectueux

La responsabilité spéciale du fait des produits défectueux est incluse dans les articles 1245 (anc. art. 1386-1) et suivants (loi du 19 mai 1998).

➜ La genèse de la loi du 19 mai 1998

Une directive communautaire du 25 juillet 1985 avait édicté une responsabilité de plein droit du producteur pour les dommages causés par un défaut de son produit. Devant la carence de l'État français à transposer cette directive, les tribunaux avaient mis en place un système fondé sur le droit commun.
Les juridictions ont d'abord dégagé une **obligation de sécurité** à la charge des vendeurs professionnels et des fabricants sur le fondement de la **garantie des vices cachés** (art. 1641 et s.). Puis elles ont détaché cette obligation de sécurité de résultat de la garantie des vices cachés afin d'en faire une obligation autonome, prolongement de l'**obligation de délivrance** (donc non soumise au « *bref délai* » de l'article 1648). Enfin, elles ont appliqué de manière anticipée la directive (v. Civ. 1re, 17 janvier 1995, *D.* 1995, 350, obs. Jourdain, et Civ. 1re, 28 avril 1998, *JCP* 1998, II, 10088, rapp. Sargos).
Le système ainsi mis en place s'avérant satisfaisant, une partie de la doctrine s'est demandé si la loi du 19 mai 1998 n'arrivait pas trop tard et si elle présentait une réelle utilité.
Les dispositions de la loi insérées dans les articles 1245 et suivants n'excluent pas l'application du droit commun (v. *infra*).

➜ Les conditions de la responsabilité

▸ L'article 1245 bannit toute distinction entre les responsabilités contractuelle et délictuelle : « *Le producteur est responsable du dommage causé par un défaut de son produit, qu'il soit ou non lié par un contrat avec la victime.* »

▸ Le **produit** est défini de manière compréhensive : « *tout bien meuble, même s'il est incorporé dans un immeuble, y compris les produits du sol, de l'élevage, de la chasse et de la pêche* » (art. 1245-2). Sont compris dans la définition l'électricité et les éléments et produits du corps humain (art. 1245-11), mais en sont exclus les immeubles (v. art. 1245-5 *in fine*).

▸ La responsabilité du producteur nécessite que le produit ait été **mis en circulation**, c'est-à-dire que le producteur s'en soit dessaisi volontairement (art. 1245-4).

▸ Le producteur engage sa responsabilité dès lors qu'un dommage est causé par un défaut de son produit, c'est-à-dire lorsque celui-ci « ***n'offre pas la sécurité à***

laquelle on peut légitimement s'attendre » (art. 1245-3 al. 1er) : appréciation *in abstracto*. Le produit peut être dangereux du fait de sa conception, de sa fabrication, de sa présentation, de son utilisation, ou d'un manquement du producteur à son obligation de renseignement, de conseil ou de mise en garde.

▶ Les responsables sont le **producteur** et les **personnes assimilées** (v. art. 1245 et art. 1245-5 et 6 : le fabricant, l'importateur, le vendeur, le loueur, « *tout autre fournisseur* »), dès lors qu'ils sont des professionnels.

▶ Enfin, s'agissant du **préjudice réparable**, les articles 1245 et suivants s'appliquent aux dommages résultant d'une atteinte à la personne ou à un bien autre que le produit défectueux lui-même (art. 1245-1).

→ La mise en œuvre de la responsabilité

▶ La victime, qu'elle soit un professionnel ou un consommateur, a une **triple preuve** à rapporter : « *le demandeur doit prouver le* ***dommage****, le* ***défaut*** *et le* ***lien de causalité*** *entre le défaut et le dommage* » (art. 1245-8). Une abondante jurisprudence existe en matière de **lien de causalité entre une vaccination** (par exemple, contre l'hépatite B) **et le dommage** (par exemple, une sclérose en plaques). Ce lien peut s'établir par des « ***présomptions*** *graves, précises et concordantes* » (Civ. 1re, 26 septembre 2012, *Bull. civ.* I, n° 187).

▶ Sauf faute du producteur, la responsabilité spécifique fondée sur les articles 1245 et suivants est éteinte **dix ans après la mise en circulation** du produit, à moins que, durant cette période, la victime n'ait engagé une action en justice (art. 1245-15) : durée de l'obligation de sécurité.

▶ L'**action** en réparation **se prescrit** dans un **délai de trois ans** « *à compter de la date à laquelle le demandeur a eu ou aurait dû avoir connaissance du dommage, du défaut et de l'identité du producteur* » (art. 1245-16) : délai de prescription de l'action.

→ Les causes d'exonération

▶ L'article 1245-10 dispose que « *le producteur est* ***responsable de plein droit*** », et prévoit diverses causes d'exonération (rappr. art. 1245-9 et 11) dont la plus remarquable est la cause spécifique (non admise en droit commun) du « risque de développement », c'est-à-dire la situation où « ***l'état des connaissances scientifiques et techniques****, au moment où [le producteur] a mis le produit en circulation, n'a pas permis de déceler l'existence du défaut* » (art. 1245-10-4°) : application possible aux dangers dus à l'amiante, aux peintures au plomb, à la maladie de la « vache folle ». Sur la **faute de la victime**, cause d'exonération, voir l'article 1245-12.

▶ Les **clauses** qui visent à écarter ou à limiter la responsabilité sont, en principe, interdites et réputées non écrites (art. 1245-14 al. 1er; v. à titre d'exception, validité de certaines clauses entre professionnels, art. 1245-14 al. 2).

→ Les relations entre les textes spéciaux et le droit commun

Les dispositions spéciales n'excluent pas l'application du droit commun (responsabilités contractuelle et extracontractuelle) ou d'un régime spécial de responsabilité (art. 1245-17 al. 1er). De plus, le producteur reste responsable des conséquences de sa faute et des personnes dont il répond (art. 1245-17 al. 2). Une option de responsabilités est ainsi possible (à la différence de ce qui existe avec la loi du 5 juillet 1985). Le recours au droit commun présente un intérêt: en cas de prescription acquise sur le fondement du texte spécial ou pour éviter que le défendeur n'invoque le risque de développement.

6. L'indemnisation des dommages résultant des accidents de la circulation

▶ En matière d'accidents de la circulation, le droit commun s'est révélé inadapté. Des projets de **garantie collective** (par exemple, le projet Tunc) avaient été émis. Mais, sans adopter totalement ces propositions doctrinales, la **loi du 5 juillet 1985** *« tendant à l'amélioration de la situation des victimes d'accidents de la circulation et à l'accélération des procédures d'indemnisation »* a édicté des **règles spécifiques** dérogatoires au droit commun et **exclusives du droit commun** (« autonomie de la loi », v. Civ. 2e, 4 mai 1987, *Bull. civ.* II, n° 87: « *l'indemnisation d'une victime d'un accident de la circulation [...] ne peut être fondée que sur les dispositions de la loi du 5 juillet 1985 à l'exclusion de celles des articles 1382 [1240 nouv.] et suivants du Code civil* »).

▶ Malgré les termes de la loi faisant référence à un droit à indemnisation, les règles édictées demeurent dans le cadre de la responsabilité civile (même si elles s'en éloignent, parfois ; v. *infra* les cas limités d'exonération, la notion d'implication par exemple) car les conducteurs ou gardiens ne deviennent débiteurs de réparation que sous certaines conditions.

→ Les conditions d'application de la loi

Elles sont fixées par l'article premier: la loi s'applique « *même lorsqu'elles sont transportées en vertu d'un contrat, aux victimes d'un* ***accident de la circulation*** *dans lequel est* ***impliqué*** *un* ***véhicule terrestre à moteur*** *ainsi que ses* ***remorques ou semi-remorques*** ». Si un seul véhicule est impliqué et que la victime est le conducteur et gardien, celui-ci ne peut pas être indemnisé sur le fondement de la loi de 1985 (en cas de dissociation des qualités de conducteur et de gardien, la loi s'applique: Civ. 2e, 2 juillet 1997, *D.* 1997, 448, note Groutel).

▶ L'**accident** est un événement soudain, fortuit et non intentionnel du côté du conducteur (v. Crim., 6 février 1992, *Resp. civ. et assur.* 1992, comm. n° 207).

▶ La notion de **véhicule terrestre à moteur** est compréhensive. Il s'agit de manière générale de tout engin doté d'une force motrice évoluant sur le sol et destiné au transport de personnes ou de biens, « *à l'exception des chemins de fer et des tramways circulant sur des voies qui leur sont propres* » (art. 1er).

▶ L'accident doit, en outre, être en relation avec la fonction de **circulation** du véhicule en cause. Peu importe que l'accident survienne dans un lieu public ou privé. La difficulté concerne les véhicules-outils : distinction selon qu'ils sont (loi de 1985 applicable) ou non (loi de 1985 inapplicable) en mouvement.

▶ L'**implication** est une notion qui a été préférée par le législateur afin de rompre avec le concept de causalité du droit commun (rôle actif de la chose, v. *supra*). L'évolution jurisprudentielle a conduit à différencier deux catégories d'implication :
- l'**implication dans l'accident**, qui est ***déduite automatiquement du contact*** du véhicule terrestre à moteur avec la victime (Civ. 2e, 25 janvier 1995, *Bull. civ.* II, n° 27) alors qu'elle doit être démontrée par la victime en l'absence de contact (prouver que le véhicule est « *intervenu, à quelque titre que ce soit, dans la survenance de l'accident* » : Civ. 2e, 18 mai 2000, *Resp. civ. et assur.* 2000, n° 261) ;
- l'**implication dans le dommage**, qui est ***présumée*** en cas d'implication du véhicule terrestre à moteur dans l'accident. Cependant, la Cour de cassation avait admis que le conducteur pouvait ***rapporter la preuve contraire***, par exemple que la victime était déjà blessée ou tuée lorsqu'il l'a percutée (jurisprudence en matière de chocs successifs ou collisions en chaîne). Mais, depuis 2000, elle a abandonné cette dernière jurisprudence, et admet désormais que tous les véhicules sont impliqués dans un accident unique.

→ L'étendue du droit à indemnisation des victimes (les causes d'exonération)

Ce sont les articles 2 à 6 de la loi qui sont consacrés au droit à indemnisation des victimes. L'article 2 dispose que « *les victimes, y compris les conducteurs, ne peuvent se voir opposer la force majeure ou le fait d'un tiers par le conducteur ou le gardien* » du véhicule (**responsabilité de plein droit renforcée**). La seule cause d'exonération est la **faute de la victime**.

▶ Le régime d'indemnisation de la **victime initiale** est particulièrement complexe. Il conduit à distinguer entre le conducteur et le non-conducteur victimes :

- S'agissant des **victimes non-conductrices** (piéton, cycliste, passager), la loi opère une distinction selon les dommages à la personne et ceux aux biens, et selon les catégories de victimes. Si la victime, au moment de l'accident, est âgée de moins de 16 ans, de plus de 70 ans ou lorsque, quel que soit son âge, elle est titulaire d'un titre lui reconnaissant un taux d'incapacité permanente ou d'invalidité au moins égal à 80 %, elle est indemnisée des ***atteintes à sa personne***, sauf si elle « *a* ***volontairement recherché le dommage*** *qu'elle a subi* » (art. 3 al. 2 et 3, hypothèse du suicide).
  Si la victime a plus de 16 ans, moins de 70 ans et n'est pas titulaire au moment de l'accident d'un titre lui reconnaissant un taux d'incapacité permanente ou d'invalidité au moins égal à 80 %, elle est indemnisée pour les ***atteintes à sa personne***, sauf si elle « *a volontairement recherché le dommage qu'elle a subi* » (art. 3 al. 1er et 3) ou si elle a commis une ***faute inexcusable*** (« *faute volontaire d'une exceptionnelle gravité exposant sans raison valable son auteur à un danger dont il aurait dû avoir conscience* » : Cass., Ass. plén., 10 novembre 1995, *JCP* 1996, II, 22564, concl. Jéol, note Viney), ***cause exclusive de l'accident*** (art. 3 al. 1er).
  En ce qui concerne les ***dommages aux biens***, la faute commise par la victime a pour effet de limiter (concours d'une faute de la victime et du fait du défendeur) ou d'exclure (faute de la victime exclusive) l'indemnisation (art. 5 al. 1er).
- S'agissant des **victimes conductrices** (les personnes qui ont la maîtrise ou une certaine maîtrise du véhicule), selon l'article 4 de la loi, « *la faute commise par le conducteur du véhicule terrestre à moteur a pour effet de limiter ou d'exclure l'indemnisation des* ***dommages*** *qu'il a subis* » (atteintes à la personne ou aux biens) : v. Cass., ch. mixte, 28 mars 1997, *D.* 1997, 294. Mais il faut que soit démontré que la faute a joué un rôle causal dans la survenance de l'accident (Ass. plén., 6 avril 2007, JCP 2007, II, 10078, note P. Jourdain).

▸ Le **régime d'indemnisation des victimes par ricochet** est fixé à l'article 6 de la loi : « *le préjudice subi par un tiers du fait des dommages causés à la victime directe d'un accident de la circulation est réparé en tenant compte des limitations ou exclusions applicables à l'indemnisation de ces dommages* » (opposabilité de la faute de la victime directe à la victime par ricochet, v. *infra* en droit commun). La Cour de cassation a même considéré que la faute de la **victime par ricochet conductrice** peut lui être opposée pour réduire ou exclure son droit à indemnisation en tant que victime par ricochet (Crim., 15 mars 1995, *Resp. civ. et assur.* 1995, n° 208, et arrêt précité de 1997).

→ Les recours

▸ En cas de **pluralité de responsables**, ceux-ci sont **condamnés *in solidum*** à l'égard de la victime. Mais la jurisprudence admet que le conducteur condamné peut exercer un **recours** contre un autre conducteur sur le (seul) fondement du

droit commun : Civ. 2e, 14 janvier 1998, *JCP* 1998, II, 10045, note Jourdain. La **contribution à la dette** a lieu en proportion des fautes respectives ; en l'absence de faute prouvée, la contribution se fait entre eux par parts égales.

▸ Le recours est cependant exclu contre un responsable lié à la victime par une **communauté de vie** (afin d'éviter que l'auteur du recours ne reprenne d'une main ce qu'il a donné de l'autre : par exemple, cas du recours contre le parent qui a mal surveillé l'enfant victime). Cette **immunité** familiale ne joue cependant pas en faveur de l'**assureur** du parent responsable.

➜ Les autres apports de la loi du 5 juillet 1985

▸ La loi de 1985 a étendu la portée de l'assurance obligatoire en matière de circulation des véhicules terrestres à moteur. En effet, désormais, les contrats d'assurance doivent couvrir la responsabilité civile de « *toute personne ayant la **garde ou la conduite, même non autorisée,** du véhicule* » (art. L. 211-1 al. 2, C. assur.) ainsi que la responsabilité civile des passagers.

▸ Par ailleurs, la loi de 1985 a prévu une procédure destinée à **accélérer le règlement par l'assureur des dommages résultant des atteintes à la personne** (v. art. L. 211-8 et s., C. assur.).

➜ L'existence d'un fonds de garantie automobile

Une loi du 31 décembre 1951 (art. L. 421-1 et s., C. assur.) a institué un **fonds de garantie automobile** (devenu le fonds de garantie des assurances obligatoires de dommages) chargé d'indemniser les victimes des dommages résultant des ***atteintes à leur personne*** (ou, sous certaines conditions, à leurs biens) en cas, notamment, d'accident dans lequel est impliqué un ***véhicule terrestre à moteur***, lorsque ***le responsable est inconnu ou non assuré***.

III. Le lien de causalité

Aux deux composantes nécessaires (mais insuffisantes) à l'engagement de la responsabilité civile, préjudice et fait générateur, doit s'ajouter une troisième, le lien de causalité (sur la complexité de la question de la causalité, v. P. Esmein, « Le nez de Cléopâtre ou les affres de la causalité », *D.* 1964, chr. 205).

A– Les conceptions de la causalité

1. Les théories doctrinales

Lorsque plusieurs événements sont à l'origine d'un dommage, ***quelles causes matérielles*** peuvent être juridiquement prises en considération, constituer des causes ***juridiques***? Les principales théories doctrinales en la matière sont les suivantes:

▶ L'équivalence des conditions. Selon cette thèse (émise par von Buri), **tout fait** sans lequel le dommage ne se serait pas produit en est **l'une des causes juridiques**. Tous les événements sont ainsi placés sur un même plan et juridiquement pris en considération, chacun d'eux constituant une condition *sine qua non* du dommage. N'opérant aucune sélection entre les diverses causes, cette thèse a été critiquée.

▶ La causalité adéquate. Cette théorie (formulée par von Kries et Rümellin) considère que n'est une cause juridique du dommage que **l'événement qui devait normalement produire le dommage** (idée de **prévisibilité** du dommage). Elle conduit à un pronostic objectif rétrospectif. Elle opère ainsi une sélection entre les divers événements (qui ne sont pas tous placés sur un même plan), mais elle laisse en pratique une large part à l'arbitraire des juridictions.

▶ La causalité efficiente. Pour cette thèse, n'est une cause juridique que l'événement qui a joué un **rôle prépondérant** dans la réalisation du dommage, ce qui n'est pas toujours aisé à déterminer.

▶ L'empreinte continue du mal. Selon cette théorie (émise par N. Dejean de la Bâtie, *in* Aubry et Rau, n° 74), ce qui doit être recherché est « *le **cheminement du mal** qui a atteint la victime* ». Ce cheminement doit être constitué par un **enchaînement de faits défectueux**, chacun d'eux s'expliquant, au moins partiellement, par le précédent. Le rapport de causalité existera dès lors que pourra être suivie ***« l'empreinte continue du mal »*** en partant du dommage et en remontant jusqu'au fait défectueux (faute ou fait non fautif) du défendeur.

2. La jurisprudence

La doctrine enseigne que les juridictions pénales adoptent la théorie de l'équivalence des conditions (v. cependant, ch. 7, 1. B., l'influence de la loi du 10 juillet 2000, modifiant l'article 121-3 du Code pénal sur le lien de causalité) et les juridictions civiles, celle de la **causalité adéquate**.
Pour s'en tenir à la **jurisprudence civile**, il faut convenir que celle-ci est en vérité moins systématique. Tout est affaire d'espèce (comp. d'une part, Civ. 2e, 17 mars 1977, *JCP* 1978, II, 18828, note Bryon, faisant référence à la « *prévisibilité*

normale » et, d'autre part, Civ. 1re, 17 février 1993, *JCP* 1994, II, 27226, note Dorsner, qui paraît s'expliquer par l'équivalence des conditions; Civ. 2e, 27 mars 2003, *Bull. civ.* II, n° 76, qui fait expressément référence au « principe de l'équivalence des causes »).

3. Les caractères du lien de causalité

Le rapport de causalité doit être certain et direct.

→ Un rapport certain de causalité

Il appartient à la victime de rapporter cette preuve (par tous moyens). Toutefois, dans certaines hypothèses où il existe une **incertitude sur le lien de causalité**, la jurisprudence ou la loi ont établi des **présomptions de causalité** afin que la victime puisse obtenir réparation (sur la présomption en matière de responsabilité du fait des choses, v. *supra*).

▸ Lorsqu'un dommage a été causé par une personne non identifiée au sein d'un groupe déterminé (groupes de chasseurs chassant de concert et tirant simultanément, de participants à une rixe ou d'enfants pratiquant un jeu dangereux), la jurisprudence a retenu une **responsabilité collective** de tous les membres du groupe (condamnation *in solidum*) sur les fondements de la **faute commune** (Civ. 2e, 19 mai 1976, 1er arrêt, *JCP* 1978, II, 18773, note Dejean de la Bâtie) ou de la **garde de la chose** (gerbe unique de projectiles ou garde en commun des fusils: v. Civ. 2e, 11 février 1966, *D.* 1966, 228, note Schmelck).
La **présomption** de causalité ainsi établie est **simple**, l'un des membres du groupe pouvant la combattre (v. par exemple, Civ. 2e, 19 mai 1976, 3e arrêt, *JCP* 1978, II, 18773, note Dejean de la Bâtie: le type de balle utilisé par l'un des chasseurs était différent de celui qui avait atteint la victime).

▸ La **loi** établit parfois des **présomptions de causalité** comme, par exemple, en matière d'indemnisation des victimes post-transfusionnelles du Sida (présomption simple de causalité entre l'acte de transfusion sanguine et la séropositivité déclarée) : v. art. L. 3122-2, C. sant. pub.

→ Un rapport direct de causalité

Cette exigence juridique concerne non seulement l'hypothèse où l'on se demande si un fait est à l'origine de tel dommage (v. *supra*, la jurisprudence civile retenant la causalité adéquate), mais encore celle où un même fait entraîne des dommages qui se succèdent en chaîne (cas des « ***dommages en cascade*** » ; exemple de Pothier relatif à la responsabilité contractuelle, un paysan achète une vache atteinte d'une maladie contagieuse qui décime le troupeau et, de ce fait, conduit le paysan à la faillite). Ce qui est exigé, c'est que les dommages subséquents s'expliquent toujours par les dommages précédents, qu'ils en constituent « ***la suite nécessaire*** ». Ils sont alors réparables de la même manière que le dommage initial (par exemple, Civ. 2e, 17 mai 1973, *Gaz. Pal.* 1974, 1, 71, note H. M. : lien de causalité admis entre un accident et l'avortement de l'épouse provoqué par la vue des graves blessures du mari; Civ. 2e, 26 octobre 1972, *Bull. civ.* II, n° 263: lien de causalité retenu entre l'accident et le suicide de la victime ; Com., 4 décembre 2001, *Bull. civ.* IV, n° 194 : lien de causalité rejeté entre la faute d'une banque et le suicide d'un client).

B– Les causes d'exonération

Les causes d'exonération de responsabilité opèrent, selon la doctrine dominante, une **rupture du rapport de causalité**. Ces causes sont la force majeure, le fait du tiers et la faute de la victime. L'absence de faute est inopérante dans les responsabilités de plein droit mais elle est prise en considération dans les hypothèses de présomptions de faute.

1. La force majeure

La force majeure (ou cas fortuit) est un événement qui n'est matériellement imputable à aucune personne privée mais résulte des forces de la nature (tempête, inondation) ou du fait de l'autorité publique (le fait du prince).

➜ Les caractères de la force majeure

L'événement doit être externe par rapport à la chose (exclusion du vice interne), à la personne (exclusion des défaillances physique ou mentale), et être normalement imprévisible et irrésistible (appréciation *in abstracto*).

➜ Les incidences de la force majeure

▸ Lorsque le défendeur engage sa **responsabilité pour faute**, il ne peut y avoir juridiquement concours de la force majeure et d'une faute causale. Il y a incompatibilité entre elles. En effet, soit la faute du défendeur est démontrée et constitue la cause du dommage et dans ce cas il n'est pas concevable qu'il puisse invoquer la force majeure, soit le dommage est dû à cet événement, il est alors prouvé que le défendeur n'a pas pu commettre de faute causale.

▸ Si le défendeur engage sa **responsabilité de plein droit**, la force majeure conduit à l'exonération totale de responsabilité du défendeur (doctrine dite de « la **causalité intégrale** » ou « **indivisible** »). Rappr. la jurisprudence sur la « causalité partielle » ou « divise » des années 1950 (v. Com., 19 juin 1951, *D.* 1951, 717, 2e arrêt, note Ripert : naufrage du *Lamoricière*, art. 1384 al. 1er (nouv. art. 1242 al. 1er) ; Civ. 2e, 13 mars 1957, *D.* 1958, 73, note Radouant : affaire des Houillères du Nord, art. 1382 (nouv. art. 1240) : fait de la nature ayant concouru à la réalisation du dommage).

▶ Il arrive parfois que la force majeure soit **inopérante** dans un régime de responsabilité de plein droit (v. art. 2 de la loi du 5 juillet 1985).

2. Le fait du tiers

→ Le fait du tiers, cause unique du dommage

Le fait du tiers qui réunit les caractères de la force majeure entraîne une exonération totale du défendeur.

→ Le fait du tiers en concours avec le fait du défendeur

Dans cette hypothèse, le fait du tiers ne présente pas les caractères de la force majeure. Il s'agit d'un cas de **pluralité de causes du dommage**.

▶ Dans les **rapports entre la victime et les coresponsables**, ceux-ci sont l'objet d'une condamnation *in solidum* (v. chapitre 8, 2. B.).

▶ Dans les **rapports entre coresponsables**, le coresponsable (le *solvens*) qui a désintéressé la victime dispose d'un recours en contribution contre les autres fondé sur la subrogation légale (art. 1346 ; v. chapitres 8, 2. B. et 9, 2. A.).
Lorsque les coresponsables sont tous auteurs de fautes (art. 1240-1241), chacun d'eux peut exercer le recours à l'encontre des autres, et la répartition est effectuée souverainement par les juges du fond en fonction de la gravité des fautes respectives. Lorsque les coresponsables sont tous responsables de plein droit (art. 1242 al. 1er), la contribution se fait par parts égales. Enfin, lorsque les coresponsables ne se situent pas sur un même plan, la solution est que le responsable de plein droit non auteur d'une faute peut recourir pour le tout contre l'auteur d'une faute ; en revanche, celui-ci ne peut jamais exercer de recours contre un responsable de plein droit.

→ Le fait du tiers inopérant

Le fait du tiers n'est pas juridiquement pris en considération en matière d'accidents de la circulation (v. art. 2 de la loi du 5 juillet 1985).

3. Le fait de la victime

→ Le fait de la victime, cause unique du dommage

Lorsque le fait (fautif ou non) de la victime présente les caractères de la force majeure, il conduit à la non-responsabilité du défendeur en matière de responsabilité pour faute et à l'exonération totale de responsabilité de plein droit (v. Cass., Ass. plén., 14 avril 2006, *Bull. civ.* n° 6).

→ Le fait de la victime en concours avec le fait du défendeur

(v. *supra*, en matière d'accidents de la circulation)

▶ Dans le cas où existe un concours de fautes prouvées du défendeur et de la victime, les juges du fond procèdent souverainement à un partage de responsabilité, en fonction de la gravité respective des fautes commises (exonération partielle du défendeur).

▶ Dans le cas d'un concours entre la faute de la victime et le fait du défendeur responsable de plein droit, la faute de la victime exonère partiellement le défendeur (Civ. 2e, 6 avril 1987, *JCP* 1987, II, 20828, note Chabas), selon la gravité de cette faute ou son rôle causal (efficacité causale).

→ L'opposabilité de la faute de la victime initiale aux victimes par ricochet

Le préjudice par ricochet présente une autonomie par rapport au préjudice initial (v. *supra*). Cependant, il « *n'en procède pas moins du même fait originaire considéré dans toutes ses circonstances* » (Cass., Ass. plén., 19 juin 1981, *D.* 1982, 85, concl. Cabannes, note Chabas). Par conséquent, la jurisprudence admet que la faute de la victime initiale puisse être juridiquement opposée aux victimes par ricochet (v. *supra* la loi du 5 juillet 1985, art. 6, qui retient également la règle de l'opposabilité).

chapitre 7

Les effets de la responsabilité extracontractuelle

Lorsque les conditions de la responsabilité civile délictuelle (fait générateur, préjudice, lien de causalité) sont réunies, la victime devient titulaire d'un **droit à réparation** : elle est créancière de l'indemnisation de son dommage. La mise en œuvre de ce droit nécessite le plus souvent un **procès en responsabilité**.

I. Le procès en responsabilité civile

1. Un obstacle au procès : la transaction

▶ La victime et l'auteur du dommage peuvent convenir d'un règlement amiable du litige en concluant une **transaction**. Celle-ci est « *un contrat par lequel les parties terminent une contestation née, ou préviennent une contestation à naître* » (art. 2044 al. 1er). Elle suppose des concessions réciproques (Civ., 13 mars 1922, *D. P.* 1925, 1, 139).
Par la transaction, l'indemnisation de la victime est définitive, car la transaction a « *entre les parties, **l'autorité de la chose jugée** en dernier ressort* » (art. 2052 al. 1er).

▶ C'est parfois le **législateur** qui impose une procédure transactionnelle : v. art. L. 211-9 et s., C. assur. (loi du 5 juillet 1985), en matière d'accidents de la circulation.

A– Les parties à l'action

1. Le demandeur

Peuvent agir :

- la **victime directe** du dommage ;
- ses **héritiers**, pour la réparation du dommage tant matériel que moral (Cass., ch. mixte, 30 avril 1976, *D.* 1977, 185, note Contamine-Raynaud) subi par leur auteur ;
- les **victimes par ricochet** (v. chapitre 6, 1. B.) ;
- **certaines personnes morales** défendant un intérêt collectif (v. chapitre 6, 1. B.) ;
- les **créanciers de la victime**, par l'action oblique, s'agissant de la réparation du seul préjudice matériel (v. chapitre 9, 2. A.) ;
- l'**assureur subrogé** dans les droits de la victime (v. chapitre 6, 1. B.).

2. Le défendeur

Le défendeur peut être :

- le ou les **auteurs** (condamnation *in solidum*) du dommage ;
- les **héritiers** de ceux-ci ;
- l'**assureur du responsable**, la victime disposant d'une action directe contre lui (sans être obligée de mettre en cause le responsable : Civ. 1re, 7 novembre, *JCP* 2001, II, 10456, v. chapitre 4, 2. B. et chapitre 6, 1. B.) ;
- un **fonds de garantie** (v. chapitre 6).

B– La juridiction compétente

1. La compétence des juridictions civiles

→ La compétence d'attribution

La juridiction compétente est le **tribunal d'instance ou de grande instance** (selon le montant de la demande). La juridiction civile est compétente même lorsque l'accident est causé par un ***véhicule quelconque de l'administration*** (loi du 31 décembre 1957) ainsi qu'en matière de ***responsabilité de l'État substituée à celle des membres de l'enseignement*** (art. L. 911-4 al. 5, C. de l'éducation).

Le **tribunal de commerce** est compétent en matière d'obligation commerciale (par exemple, concurrence déloyale).

→ La compétence territoriale

La victime peut assigner le défendeur devant la juridiction du lieu où il « ***demeure*** » (art. 42, CPC) : domicile ou résidence ; mais encore (option) devant la juridiction « ***du lieu du fait dommageable*** » ou celle dans le ressort de laquelle « ***le dommage a été subi*** » (art. 46 al. 3, CPC).

2. La compétence des juridictions pénales

Lorsque le fait commis par le défendeur constitue une infraction à l'origine d'un dommage, la victime dispose d'une option : elle peut choisir la voie civile ou préférer exercer son action civile devant le juge pénal.

→ La victime saisit la juridiction civile

▶ Il faut partir de l'hypothèse où la victime saisit la juridiction civile alors que l'action publique (exercée par le ministère public et tendant au prononcé d'une peine) a été déjà mise en mouvement devant la juridiction pénale. S'applique alors la règle « ***le criminel tient le civil en état*** » (v. art. 4, CPP), c'est-à-dire que le juge civil doit surseoir à statuer tant que le juge pénal n'a pas pris définitivement sa décision sur l'action publique.

▶ Lorsque le jugement pénal aura été rendu de manière définitive, s'appliquera une autre règle, « ***le criminel emporte le civil*** », c'est-à-dire que le jugement pénal s'imposera, en principe, au juge civil. La jurisprudence avait dégagé depuis longtemps le principe de l'unité des fautes civile et pénale d'imprudence ou de négligence (Civ., 18 décembre 1912, *S.* 1914,1, 249, note Morel). Mais une loi du 10 juillet 2000 modifiant la définition des délits non intentionnels (v. art. 121-3, C. pén.) et insérant un nouvel article 4-1, CPP, a remis en cause partiellement cette unité (v. Civ. 1re, 30 janvier 2001, *Bull. Civ.* I, n° 19 [au visa des art. 1351 (nouv. art. 1355), 1147 (nouv. art. 1231-1) et 1383 (art. nouv. 1241)] : « *la déclaration par le juge répressif de* ***l'absence*** *de faute pénale non intentionnelle ne fait pas obstacle à ce que le juge civil retienne une faute civile d'imprudence ou de négligence* »).

→ La victime exerce l'action civile devant le tribunal répressif

La victime qui souhaite ainsi bénéficier d'une procédure plus rapide, moins coûteuse et des moyens de preuve du ministère public, doit respecter diverses règles :

▶ La recevabilité de l'action civile suppose que la juridiction pénale ait été saisie par la victime (plainte avec constitution de partie civile ou citation directe) ou par le ministère public avant l'expiration du **délai de prescription** de l'action publique (vingt ans pour les crimes, six ans pour les délits, un an pour les contraventions, v. art. 7, 8 et 9, CPP).

▶ La victime qui a **d'abord saisi** la juridiction civile ne peut, en principe, se désister et saisir ensuite le juge répressif (règle « *electa una via non datur recursus ad alteram* »).

▶ La victime doit démontrer qu'elle a « ***personnellement*** *souffert du dommage directement causé par l'infraction* » (art. 2 al. 1er, CPP).

▶ Enfin, le juge pénal ne peut, en principe, connaître des actions en réparation civile qu'à la condition qu'elles soient fondées sur la **faute**. Cependant, il existe d'importantes **exceptions** (v. art. 470-1 et 541 al. 2, CPP).

C– La prescription de l'action en responsabilité

Les actions en responsabilité civile extracontractuelle se prescrivent, en principe, par cinq ans à compter de la manifestation du dommage (ou de son aggravation) : art. 2224. Ce délai est de dix ans à compter de la date de la consolidation en cas de dommage corporel (art. 2226, al. 1er).

D– Le fondement de l'action en responsabilité

1. L'autonomie des fondements juridiques

▶ Le fondement juridique est le moyen de droit propre à justifier une demande en justice. Il est encore appelé la **cause** de l'action. Le fondement varie selon la nature de la responsabilité (contractuelle : art. 1231-1 ; extracontractuelle : art. 1240 et s., loi du 5 juillet 1985). Chaque moyen est autonome.

▶ Au sein d'une même nature de responsabilité, le **cumul** est parfois possible (par exemple, art. 1240-1241 et 1242 al. 1er), parfois impossible (par exemple, art. 1240-1241 et 1242 al. 1er d'une part, et loi du 5 juillet 1985 d'autre part).

▶ L'**autorité de la chose jugée**, qui suppose l'identité de parties et d'objet, n'opère que pour la cause invoquée (« ***la même cause*** » : v. art. 1355).

2. La règle dite du « non-cumul » des responsabilités contractuelle et délictuelle

→ Le principe du « non-cumul » des responsabilités

Le **régime juridique** de ces responsabilités comporte des éléments de différenciation (dommage imprévisible non réparable, en principe, en matière contractuelle, régimes de prescription naguère différents, mise en demeure souvent nécessaire en matière contractuelle, conventions de responsabilité valables en matière contractuelle mais prohibées en principe en matière délictuelle, par exemple). La Cour de cassation a posé en principe que, lorsque les conditions de la responsabilité contractuelle sont réunies (v. chapitre 5, 1. A.), la victime est obligée de se prévaloir des règles de cette responsabilité (Civ., 11 janvier 1922, *S.* 1924, 1, 105, note Demogue). Moins que d'un « non-cumul », il s'agit plutôt d'une absence d'option pour la victime.

→ Les exceptions au principe

▸ Lorsque l'**inexécution** du contrat est constitutive aussi d'une **infraction pénale** (par exemple, un abus de confiance), les juridictions répressives jugent l'action civile selon les règles de la responsabilité délictuelle.

▸ La jurisprudence reconnaît parfois à un tiers au contrat le bénéfice d'une stipulation pour autrui (v. chapitre 4, 2. B.). S'appliquent alors les règles de la responsabilité contractuelle. Mais en cas de renonciation par ce tiers à la stipulation, ce sont les règles de la responsabilité délictuelle qui jouent. Le tiers dispose, de ce point de vue, d'une option.

II. La réparation du dommage

A– La date de naissance du droit à réparation

Plusieurs événements peuvent théoriquement être retenus pour fixer le droit à réparation : le fait générateur, le dommage, la saisine de la juridiction, le jugement définitif.
Une **jurisprudence classique** considérait qu'« *une créance délictuelle ou quasi délictuelle n'existe et ne peut produire d'intérêts moratoires que du jour où elle est allouée par décision judiciaire passée en force de chose jugée, la victime n'ayant, jusqu'à la décision de justice qui lui accorde définitivement une indemnité, ni titre*

de créance, ni droit reconnu dont elle puisse se prévaloir » (Crim. 18 janvier 1940, *D. H.* 1940, 102 et jurisprudence subséquente).
Cette position n'était point pertinente. En effet, s'il est vrai que ***la créance de réparation*** ne devient ***liquide et exigible*** que par le ***jugement de condamnation*** (d'où la règle selon laquelle les intérêts moratoires au taux légal ne courent de plein droit qu'à cette date : art. 1231-7), **dès la réalisation du dommage** la victime bénéficie d'un **droit à réparation** (un principe certain de créance) qu'elle peut transmettre à ses héritiers. Le jugement de condamnation est, en réalité, seulement **déclaratif** et non constitutif. C'est finalement ce que les juridictions admettent aujourd'hui.

B– Le principe de la réparation intégrale

1. L'affirmation du principe

La Cour de cassation l'a exprimé de la manière suivante : « *Le propre de la responsabilité civile est de rétablir aussi exactement que possible l'équilibre détruit par le dommage et de replacer la victime, aux dépens du responsable, dans la situation où elle se serait trouvée si l'acte dommageable ne s'était point produit* » (Civ. 2e, 4 février 1982, *JCP* 1982, II, 19894, note Barbieri).

2. Les conséquences du principe

➜ Le préjudice est la mesure de la réparation

▸ Le montant des dommages-intérêts ne doit pas être inférieur (sauf partage de responsabilité) ni supérieur au préjudice.

▸ La gravité de la faute du responsable est sans incidence sur la réparation, en principe (Civ. 2e, 8 mai 1964, *JCP* 1965, II, 14140, note Esmein).

➜ Application au dommage matériel

▸ En cas de **destruction totale de la chose**, le juge retient la valeur de remplacement, sans application d'un coefficient de vétusté.

▸ En cas de **détérioration de la chose**, le juge octroie des dommages-intérêts correspondant à la valeur de remise en état du bien sans abattement pour vétusté. Mais lorsque les frais de remise en état s'avèrent supérieurs à la valeur de remplacement, la jurisprudence de la deuxième chambre civile et de la chambre criminelle de la Cour de cassation limite l'indemnisation à la valeur de remplacement du bien et de la chambre criminelle (v. par exemple, Crim., 22 septembre 2009, *Bull. crim.*, n° 157).

→ Application au dommage corporel

Le préjudice qui doit être réparé est celui subi effectivement par la victime (appréciation ***in concreto***). Par conséquent, il est tenu compte de l'état physique antérieur de la victime pour évaluer le préjudice. Mais les **prédispositions** de la victime sont, en principe, indifférentes sur le plan de la réparation. Et le refus par la victime de se soigner ne peut réduire son indemnisation (Civ. 2e, 19 juin 2003, *JCP* 2003, II, 10170 ; Civ. 1re, 15 janvier 2015, *D.* 2016, 35, als. Brun et Gout).

→ La date d'évaluation du préjudice

Pour assurer une réparation intégrale et éviter que la victime ne subisse les conséquences de la **dépréciation monétaire**, le préjudice est **évalué au jour du jugement définitif** (idée de dette de valeur, v. chapitre 1, 2. B.).

→ L'autorité du jugement de condamnation

▸ L'évaluation du préjudice fixée par le jugement est définitive, celui-ci ayant l'**autorité de la chose jugée**.

▸ Si l'état de la victime s'améliore par la suite, le responsable ne peut aucunement remettre en cause le jugement. En revanche, si son état s'aggrave, la victime peut saisir le juge à condition d'invoquer un préjudice nouveau.

C– Les modes de réparation

1. La réparation en nature

Lorsqu'elle est possible, c'est elle qui assure le mieux la réparation : par exemple, démolition d'une construction illégalement construite empiétant sur la propriété d'autrui.

2. La réparation par équivalent

▸ Lorsque le rétablissement des choses dans l'état antérieur s'avère impossible, la réparation prend la forme d'une indemnité, les **dommages-intérêts**.

▸ En cas de préjudice corporel, le juge octroie un capital, ou une rente (particulièrement en cas d'incapacité permanente partielle) indexée judiciairement ou par voie légale (loi du 27 décembre 1974).

3

Le rapport d'obligation

chapitre 8

Les modalités des obligations

Sous la rubrique rapport d'obligation ou régime général (ou commun) des obligations, la doctrine expose les **règles applicables à toutes les obligations** indépendamment de leur source (contrat, quasi-contrat, délit, quasi-délit), et en premier lieu les **modalités** des obligations (terme, condition, pluralité d'objets ou de sujets). Une obligation non affectée d'une modalité est qualifiée d'obligation pure et simple.

I. Le terme et la condition

A– Le terme

1. La notion de terme

Le terme (art. 1305 et s.) est un **événement futur et certain** dont dépend l'exigibilité ou l'extinction d'une obligation.

2. La typologie des termes

➜ Terme conventionnel, judiciaire ou légal

▸ Le **terme conventionnel** résulte de la volonté des parties. Il peut être ***exprès*** ou ***tacite***.

▸ Le **terme judiciaire** (ou délai de grâce) est accordé par le juge. L'article 1343-5 (d'ordre public) octroie au juge le pouvoir de reporter ou d'échelonner le paiement des sommes dues dans la limite de deux années, « *compte tenu de la situation du* *débiteur et en considération des besoins du créancier* ». La décision du juge suspend les procédures d'exécution. Parfois, les délais de grâce ne sont pas possibles (dettes d'aliments : art. 1343-5 al. 6 ; effets de commerce : art. L. 511-81 al. 2, C. com.).

▸ Le **terme légal** (ou moratoire) est concédé par la loi (souvent par des lois temporaires promulguées après certains événements comme une grève générale).

→ Terme certain et terme incertain

La distinction apparaît ambiguë car **tout terme est nécessairement certain**. En réalité, elle oppose le cas où la date peut être fixée à l'avance (terme certain : par exemple, le 1er janvier 2020) à celui où règne une incertitude quant à la date de survenance de l'événement (terme incertain : par exemple, le décès).

→ Terme suspensif et terme extinctif

▸ Le terme **suspensif** est celui qui suspend l'exécution d'une obligation (par exemple, le paiement sera effectué dans trois mois).

▸ Le terme **extinctif** est celui qui met fin à l'obligation (par exemple, l'échéance d'un contrat à durée déterminée).

3. Les effets du terme suspensif

Comme l'exprimait l'ancien article 1185 : « *Le terme diffère de la condition, en ce qu'il ne suspend point l'engagement, dont il retarde seulement l'exécution.* »

→ Avant l'arrivée du terme

▸ **L'obligation existe**, ce qui permet au créancier d'accomplir des **mesures conservatoires** (inscrire une hypothèque, par exemple). Le paiement effectué par le débiteur avant le terme est valable, il est insusceptible de répétition (art.1305-2).

▸ L'obligation n'est cependant **pas exigible** (art. 1305-2 : « *Ce qui n'est dû qu'à terme ne peut être exigé avant l'échéance* »).

→ À l'échéance du terme

L'obligation devient **exigible** et le créancier peut procéder à l'exécution forcée de sa créance en cas de non-paiement.

4. Les effets du terme extinctif

Avant l'échéance, l'obligation produit ses effets comme si elle était pure et simple. À l'échéance, l'obligation est **éteinte sans rétroactivité**.

5. L'extinction du terme

▶ L'extinction **normale** du terme correspond à la situation où l'échéance fixée survient.

▶ L'extinction **anticipée** du terme résulte soit d'une ***renonciation au terme***, par son bénéficiaire (selon l'article 1305-3, « *le terme **profite au** débiteur* », mais cette présomption est simple, le terme pouvant être consenti dans l'intérêt du créancier [dépôt] ou dans l'intérêt commun des parties [prêt à intérêt]), soit de la ***déchéance du terme*** (sanction qui atteint le débiteur et qui a pour effet de rendre la dette immédiatement exigible lorsque par son fait le débiteur « *ne fournit pas les sûretés promises au créancier ou s'il diminue celles qui garantissent l'obligation* » [art. 1305-4] ou en cas de liquidation judiciaire du débiteur [art. L. 643-1 al. 1er, C. com.]).

B– La condition

1. La notion de condition

La condition (art. 1304 et s.) est un **événement futur et de réalisation incertaine** (ce qui la différencie du terme, v. Civ. 1re, 13 juillet 2004, *Bull. civ.* I, n° 204) dont dépend l'existence d'une obligation.

2. La validité de la condition

Pour être valable, la condition ne doit pas porter sur l'un des éléments essentiels du contrat. L'événement doit, en effet, être **extrinsèque au rapport de droit**. Celui-ci doit pouvoir exister sans la condition, qui ne constitue qu'une modalité : par exemple, la vente sous la condition de paiement du prix n'est pas une vente conditionnelle mais une vente pure et simple. En outre, la condition doit être licite (art. 1304-1, et est nulle « *l'obligation contractée sous une condition dont la réalisation dépend de la seule volonté du débiteur* » [art. 1304-2] v. chapitre 3, 5. B., l'incidence de la nullité de la condition sur le contrat lui-même).

3. La typologie des conditions

→ Condition suspensive ou résolutoire

▶ La condition **suspensive** est l'événement futur et incertain qui suspend la naissance de l'obligation : par exemple, condition d'obtention d'un prêt dans une promesse synallagmatique de vente (v. chapitre 3, 1. A.).

▶ La condition **résolutoire** est l'événement futur et incertain qui entraîne la disparition de l'obligation : par exemple, donation avec condition résolutoire en cas de décès du donataire avant le donateur.

➜ Condition casuelle, potestative ou mixte

Avant la réforme de 2016, le Code civil établissait des distinctions qui, bien que les termes disparaissent, restent pertinentes.

▶ La **condition casuelle** (anc. art. 1169) est celle dont la réalisation « *dépend du hasard* » : par exemple, on promet d'acheter un bien si l'on gagne à la loterie. Cette condition est valable car elle « *n'est nullement au pouvoir du créancier ni du débiteur* » (anc. art. 1169).

▶ La **condition potestative** (anc. art. 1170) est celle qui fait dépendre l'exécution de la convention de la seule volonté d'une des parties. L'ancien article 1174 déclarait nulle l'obligation « *lorsqu'elle a été contractée sous une condition potestative de la part de celui qui s'oblige* » (le débiteur ; donc était valable la condition potestative du côté du créancier, v. art. 1588 en matière de vente à l'essai). La doctrine opérait la distinction suivante : la condition ***purement*** potestative (qui dépend exclusivement de la volonté du débiteur : par exemple, « je paierai telle somme si je veux ») est nulle, alors que la condition ***simplement*** potestative (qui dépend, outre de la volonté du débiteur, d'éléments extérieurs : par exemple, on vend sa maison si on est muté dans une autre ville) est valable. Aujourd'hui, l'article 1304-2 confirme cette distinction lorsqu'il dispose qu'« *est nulle l'obligation contractée sous une condition dont la réalisation dépend de la seule volonté du débiteur.* » Toutefois, cette nullité ne peut pas être invoquée « *lorsque l'obligation a été exécutée en connaissance de cause* » (même article).

▶ La **condition mixte** (anc. art. 1171) est celle « *qui dépend tout à la fois de la volonté d'une des parties contractantes, et de la volonté d'un tiers* » : par exemple, acheter une maison sous la condition d'obtention d'un prêt. Cette condition est valable.

4. La renonciation à la condition

Une partie est toujours libre de renoncer à la condition lorsque celle-ci a été stipulée « *dans son intérêt exclusif* » (art. 1304-4) tant que la condition n'a pas été accomplie (par exemple, l'acquéreur d'un immeuble qui renonce à la condition d'obtention d'un prêt bancaire).

5. Les effets de la condition suspensive

Trois situations se présentent :

➜ Situation avant la réalisation de la condition

▸ L'obligation **n'existe pas encore**. Par conséquent, le créancier ne peut exiger l'exécution. Et si le débiteur a payé, il peut exercer la répétition (v. art. 13404-5 al. 2).

▸ Mais se trouve en germe, dans le patrimoine du créancier, **un droit conditionnel** qui lui permet d'exercer tous les actes conservatoires de son droit (art. 1180), et est transmissible aux héritiers.

➜ Situation après la réalisation de la condition

Lorsque la condition se réalise (ou assimilation, lorsque « *celui qui y avait intérêt en a empêché l'accomplissement* » : art. 1304-3), **l'obligation conditionnelle** devient pure et simple « *à compter de l'accomplissement de la condition suspensive* » (art. 1304-6 al. 1er). Cependant, les parties ont la faculté de prévoir que l'accomplissement de la condition « *rétroagira au jour du contrat* » (art. 1304-6 al. 2). Cette fiction juridique n'anéantit pas nécessairement les droits des tiers (les règles exposées au chapitre 3, 5. B. à propos du respect des droits des tiers sont applicables ici : par exemple, maintien des actes conservatoires et d'administration, application de l'article 2276 alinéa 1er en matière mobilière).

➜ Situation dans le cas où la condition ne se réalise pas

L'obligation est **réputée n'avoir jamais existé** (rétroactivité) : art. 1384-6 al. 3. La défaillance de la condition suspensive empêche ainsi la naissance de l'obligation contractée sous cette condition : par exemple, l'achat d'un immeuble sous condition suspensive de l'octroi d'un prêt lorsque celui-ci est refusé par le banquier.

6. Les effets de la condition résolutoire

➜ Situation avant la réalisation de la condition

L'obligation conditionnelle produit tous ses effets ; elle doit être exécutée comme une obligation pure et simple.

➜ Situation après la réalisation de la condition

L'obligation est censée n'avoir jamais existé (art. 1304-6). Elle disparaît avec **effet rétroactif** « *sans remettre en cause, le cas échéant, les actes conservatoires et d'administration* » (art. 1304-7 al. 1er). Mais, **la rétroactivité n'a pas lieu** « *si telle est la* *convention des parties ou si les prestations échangées ont trouvé leur **utilité** au fur et à mesure de l'exécution réciproque du contrat* » (art. 1304-7 al. 2). Enfin, les droits des tiers sont maintenus comme indiqué ci-dessus.

→ Situation en cas de défaillance de la condition

La défaillance de la condition a pour effet de consolider définitivement l'obligation, qui devient pure et simple.

II. La pluralité d'objets ou de sujets

L'obligation, au lieu de ne comporter qu'un seul objet et un seul créancier et débiteur, peut se caractériser par une pluralité d'objets ou de sujets (obligation dite plurale).

A– La pluralité d'objets

1. L'obligation cumulative ou conjonctive

L'obligation cumulative ou conjonctive est celle où le débiteur est tenu d'exécuter cumulativement **plusieurs prestations** (alors que dans une obligation simple chaque partie n'est tenue que d'une prestation). Ignorée du Code civil de 1804, cette obligation figure depuis la réforme de 2016 à l'article 1306 qui la définit ainsi : « *L'obligation est cumulative lorsqu'elle a pour objet **plusieurs prestations** et que seule l'exécution de la totalité de celles-ci libère le débiteur.* »

2. L'obligation alternative

L'obligation alternative (art. 1307 et s.) est celle qui « *a pour objet **plusieurs prestations** et que l'**exécution de l'une d'elles** libère le débiteur* » (art. 1307). Le choix appartient au débiteur (art. 1307-1). Mais, si ce choix n'a pas été exercé dans le temps convenu ou dans un délai raisonnable, l'autre partie peut, après mise en demeure, « *exercer ce choix ou résoudre le contrat* » (art. 1307-1 al. 2). Le choix exercé est « *définitif* » (art. 1307-1 al. 3) ; application en matière de vente (v. art. 1584 al. 2).

3. L'obligation facultative

Absente du Code civil de 1804, elle y est désormais incluse (art. 1308).

À la différence des deux précédentes, l'obligation facultative a un objet unique (« *une certaine prestation* ») mais le débiteur a la faculté de se libérer en **fournissant une autre prestation**.

B– La pluralité de sujets

1. L'obligation conjointe

En présence d'une pluralité de sujets (créanciers ou débiteurs), l'obligation se divise activement (chaque créancier ne peut réclamer que sa part) et passivement (chaque débiteur n'est tenu que de sa dette). L'obligation conjointe constitue le principe des obligations plurales (art. 1309). Elle présente des inconvénients car le créancier doit multiplier les actes d'exécution et risque de subir l'insolvabilité de l'un des codébiteurs conjoints : d'où l'intérêt de recourir aux techniques suivantes.

2. L'obligation indivisible

L'obligation indivisible (appelée « ***obligation à prestation indivisible*** » par l'article 1320) est celle qui n'est pas susceptible de division.

▶ L'indivisibilité peut être **naturelle** (découlant de la nature de l'objet : comme la livraison d'un animal vivant par deux codébiteurs) ou **conventionnelle** (découlant de la volonté des parties).

▶ L'effet de l'indivisibilité est d'**empêcher le fractionnement de l'obligation activement** (chaque créancier peut exiger en totalité l'exécution de l'obligation indivisible) ou **passivement** (chaque débiteur est tenu de payer la totalité de la dette mais il dispose alors d'un **recours en contribution** contre les autres). Les effets de l'indivisibilité sont proches de ceux de la solidarité (avec l'avantage que la dette ne se divisera pas entre les héritiers de l'un des codébiteurs : v. art. 1320 al. 3).

3. L'obligation solidaire

L'obligation solidaire se rencontre lorsque la pluralité de créanciers (solidarité active) ou de débiteurs (solidarité passive) **n'opère pas la division de l'obligation** (art. 1310 et s.).

➜ La solidarité active

▸ La solidarité active est la situation où, le débiteur ayant **plusieurs créanciers**, chacun d'eux dispose du droit « *d'exiger et de recevoir le paiement de toute la créance* » (art. 1311 al. 1er).

▸ La solidarité active peut être **légale** ou **conventionnelle**, elle **ne présume pas** (art. 1310).

▸ Du principe découlent notamment les conséquences suivantes : le **paiement** fait par le débiteur à l'un des créanciers (qui doit verser aux autres leur part) libère le débiteur (art. 1311 al. 1er) ; tout acte d'un créancier qui interrompt ou suspend la prescription profite aux autres créanciers (art. 1312).

➜ La solidarité passive

La solidarité passive est la situation où un créancier a plusieurs codébiteurs obligés chacun d'eux « *à toute la dette* » (obligation unique) comme l'exprime l'article 1313.

▸ S'agissant des **sources** de la solidarité passive, l'article 1310 qui s'applique aussi bien à la solidarité active (v. *supra*) que passive dispose « *la solidarité est **légale** ou **conventionnelle** ; elle **ne se présume pas*** ». Mais cette règle connaît des exceptions car parfois la solidarité a lieu ***de plein droit***, soit ***en vertu de la loi*** (par exemple, art. 1242 al. 4 en matière de responsabilité des père et mère, v. chapitre 6, 2. B.), soit ***en vertu d'un usage*** (en matière commerciale : Req. 20 octobre 1920, *D. P.* 1920, 1, 161).

▸ Dans les **rapports entre le créancier et les codébiteurs**, la solidarité passive produit des **effets principaux** et des effets secondaires.

- S'agissant des premiers, certains sont fondés sur l'idée d'***unité de dette*** (le créancier peut réclamer la totalité de la dette à l'un quelconque des débiteurs et le paiement fait par un seul libère les autres [art. 1313 al. 1er], le débiteur peut opposer au créancier toutes les exceptions communes comme la prescription par exemple [art. 1315]) ; d'autres sur l'idée de ***pluralité de liens obligatoires*** (le créancier peut poursuivre tous les codébiteurs [art. 1313 al. 2], chaque codébiteur peut invoquer les moyens de défense qui lui sont personnels, comme un vice du consentement [art. 1315]).
- S'agissant des **effets secondaires** (expliqués par l'idée de ***représentation mutuelle des codébiteurs*** : solidarité parfaite), peuvent être relevées les conséquences suivantes : la mise en demeure, l'interruption de la prescription (art. 1312), la demande d'intérêts (art. 1314) contre l'un des codébiteurs produisent effet à l'égard des autres. Et selon la jurisprudence, le jugement rendu entre le créancier et l'un des codébiteurs produit effet à l'égard des autres (Civ., 28 décembre 1881, *D. P.* 1882, 1, 377).

▶ Au-delà de cette **obligation à la dette** (rapports entre créancier et codébiteurs) doivent être examinés les rapports entre les coobligés (ou **contribution à la dette**). L'article 1317 dispose que « *entre eux, les codébiteurs solidaires ne contribuent à la dette que* ***chacun pour sa part*** » (art. 1317 al. 1er). Et celui qui a payé au-delà de sa part « *dispose d'un* ***recours*** *contre les autres à* ***proportion de leur propre part*** » (art. 1317 al. 2). La répartition s'effectue, en principe, par **parts égales**. La charge de l'insolvabilité de l'un des codébiteurs « *se répartit, par contribution, entre les autres codébiteurs solvables y compris celui qui a fait le paiement et celui qui a bénéficié d'une* ***remise de solidarité*** » (art. 1317 al. 3). Ce n'est pas, par conséquent, le créancier qui subit cette insolvabilité. Le recours est fondé, soit sur une action personnelle (mandat tacite ou gestion d'affaires), soit sur la subrogation légale (v. art. 1346, v. chapitre 9, 2. A.).

4. L'obligation *in solidum*

▶ L'obligation *in solidum* (technique de création jurisprudentielle) se rencontre lorsque **plusieurs débiteurs** sont **tenus chacun à toute la dette** envers le créancier sans qu'il y ait solidarité parfaite.

▶ Le **domaine principal** de l'obligation *in solidum* est le droit de la **responsabilité civile** délictuelle et quasi délictuelle ou même contractuelle lorsque les codébiteurs sont liés au créancier par des contrats distincts, voire par un même contrat (Civ. 1re, 28 mars 1995, *Bull. civ.* I, n° 146). Lorsqu'un dommage est causé par plusieurs coresponsables (peu importe que la responsabilité de l'un soit délictuelle et celle de l'autre contractuelle, et peu importe la nature du fait générateur), la victime peut, en effet, demander la réparation intégrale à l'un quelconque d'entre eux ; le coresponsable qui a payé (le *solvens*) dispose alors, en principe, d'un recours contre les autres, v. chapitre 6, 3. B.

▶ L'obligation *in solidum*, en matière de responsabilité, est fondée sur l'**indivisibilité du lien de causalité** (Civ., 11 juillet 1892, *D. P.* 1894, 1, 513, note Levillain ; Civ., 4 décembre 1939, *D. C.* 1941, 124, note Holleaux) ou sur l'idée de garantie (contre l'insolvabilité d'un des coresponsables) accordée à la victime.

▶ L'obligation *in solidum* produit les **effets de la solidarité passive, sauf les effets secondaires** (d'où l'appellation de solidarité imparfaite) car la représentation mutuelle est étrangère à cette technique.

chapitre 9

La transmission et l'extinction des obligations

Qu'elle soit pure et simple ou affectée d'une modalité, l'obligation est susceptible d'une **transmission** avant de disparaître, atteinte d'une cause d'**extinction**.

I. La transmission des obligations

La transmission ou circulation des obligations correspond à une nécessité économique, tant il est vrai que **l'obligation constitue un bien**. La **transmission active et passive à cause de mort** n'entraîne aucune difficulté car « *on est censé avoir stipulé pour soi et pour ses héritiers et ayants cause* » (art. anc. 1122), continuateurs de la personne du défunt (v. art. 724 et 787 et s.). S'agissant de la **transmission entre vifs**, la cession de créance et la cession de dette sont envisagées par le Code civil. Il faut relever, en outre, que les articles 1216 et suivants, résultant de la réforme de 2016, prévoient la **cession du contrat**. Le cédant cède « *sa **qualité de partie** au contrat à un tiers, le cessionnaire, avec l'accord de son cocontractant, le cédé* » (art. 1216 al. 1er).

A– La cession de créance

1. La notion de cession de créance

La cession de créance ou « transport de créance « est la convention par laquelle un créancier (le cédant) transfère tout ou partie de sa créance à l'encontre de son débiteur (le cédé) à un tiers (le cessionnaire). Elle constitue une **technique de substitution d'un créancier à un autre**. Elle est régie par les articles 1321 et suivants du Code civil et est donc, désormais, détachée de la vente (articles 1689 et suivants).

2. Les conditions de la cession de créance

➜ Les conditions de validité

▸ La cession de créance se réalise par une **convention** conclue entre le cédant et le cessionnaire (le débiteur cédé n'est aucunement partie à l'acte). La convention, qui peut être **à titre gratuit** (donation) ou **à titre onéreux**, doit réunir les conditions générales des articles 1128 et suivants.

▸ L'objet de la cession porte sur une **créance** (pure et simple ou affectée d'une modalité) dès lors que celle-ci n'est **pas incessible** totalement (comme les créances alimentaires) ou partiellement (comme les rémunérations du travail).

▸ Elle peut porter sur une ou plusieurs créances **présentes ou futures**, **déterminée** ou **déterminable**.

▸ La cession de créance doit être **constatée par écrit**, à peine de **nullité** (art. 1322).

➜ Les conditions d'opposabilité

Afin de rendre la cession opposable aux tiers (dont le débiteur cédé), le Code civil prévoit des **formalités de publicité** organisées autour du débiteur cédé.

▸ Aux termes de l'article 1324 alinéa 1er, « *La cession n'est opposable au* ***débiteur****, s'il n'y a déjà consenti, que si elle lui a été* ***notifiée*** *ou* ***s'il en a pris acte****.* » Cette dernière possibilité (« *prise d'acte* ») doit, semble-t-il, être interprétée au sens de **reconnaissance** de la cession par le débiteur cédé.

▸ **À l'égard des tiers** autres que le débiteur cédé, le transfert de la créance est opposable « ***à la date de l'acte*** » (art. 1323, al. 2). En cas de contestation, **la preuve** de la date de la cession **incombe au cessionnaire** qui peut la rapporter « *par* ***tous moyens*** » (art. 1323 al. 2).

▸ Les **effets** de la formalité varient selon la qualité du tiers. Par la formalité, le **débiteur cédé** devient le débiteur du cessionnaire. En cas de **cessions successives** de la créance par son titulaire à plusieurs personnes, le conflit entre les différents cessionnaires est résolu en faveur du « *premier en date* » (art. 1325). Enfin, en raison de la formalité, les **créanciers chirographaires** du cédant subissent la transmission de la créance.

3. Les effets de la cession de créance

➜ La transmission de la créance

▸ La cession opère la **substitution du cessionnaire au cédant** pour le montant de la créance (et non pour le prix de cession, qui peut être inférieur s'il existe, par exemple, un risque pour le recouvrement de la créance).

La créance est transmise avec tous ses **accessoires** tels que cautions, privilèges et hypothèques (art. 1321) et actions en justice.

▶ Elle est transmise aussi avec les vices qui l'affectent (principe de l'**opposabilité des exceptions** ; art. 1324 al. 2) : v. cependant une dérogation en matière de compensation (art. 1347-5).

→ L'obligation de garantie

▶ Le cédant est tenu d'une **garantie légale**. Il doit garantir l'existence de la créance cédée à titre onéreux (art. 1326) et de ses accessoires à moins que le cessionnaire l'ait acquise « *à **ses risques et périls** ou qu'il ait connu le caractère incertain de la créance* » (art. 1326 al. 1er). En revanche, il ne répond pas, en principe, de la solvabilité du débiteur (art. 1326 al. 2).

▶ Des **garanties conventionnelles** peuvent accroître les garanties légales (par exemple, la garantie de la solvabilité du débiteur, mais seulement à concurrence du prix de cession : art. 1326 al. 2).

4. Les techniques simplifiées de cession

Les règles de la cession de créance peuvent apparaître inadaptées aux transferts de certains titres commerciaux ou professionnels. Aussi le législateur, dans un dessein de rapidité mais aussi de sécurité des cessions de tels titres, a-t-il adopté des dispositions spécifiques.

→ La transmission des titres négociables

Les titres utilisés dans la pratique des affaires, qu'ils soient **nominatifs** (comme, en principe, les actions des sociétés anonymes non cotées en Bourse) ou au **porteur** ou à **ordre** (effets de commerce comme la lettre de change, le billet à ordre ou le chèque), sont transmissibles par des voies plus simples et plus rapides que la cession de créance classique (**virement de compte à compte** pour les titres nominatifs, **remise de la main à la main** pour les titres au porteur, **endossement** pour les titres à ordre). Pour cette raison, on les qualifie de **titres négociables** (au lieu de cessibles). De plus, prévaut le principe de l'**inopposabilité des exceptions**.

→ La transmission des créances professionnelles

La loi du 2 janvier 1981 (dite loi Dailly) destinée à faciliter le crédit aux entreprises a mis en place un nouveau mode simplifié de cession des **créances professionnelles** des personnes physiques et de toutes créances des personnes morales de droit privé ou de droit public (Com., 3 janvier 1996, *Bull. civ.* IV, n° 3).

▶ La cession s'effectue par la remise par l'une de ces personnes, à un établissement de crédit exclusivement, d'un **bordereau** des créances cédées.

▶ La cession prend effet entre les parties et devient opposable aux tiers à la date portée sur le bordereau lors de sa remise (art. L. 313-27, C. monét. et fin.). La remise du bordereau entraîne **de plein droit le transfert des sûretés, garanties et accessoires**. L'établissement de crédit cessionnaire peut, par notification, interdire à tout moment au débiteur de la créance cédée de payer entre les mains du cédant : le débiteur ne se libère alors valablement qu'auprès du cessionnaire (art. L. 313-28, C. monét. et fin.). L'**acceptation** de la cession par le débiteur cédé lui interdit d'opposer à l'établissement de crédit les exceptions fondées sur ses rapports personnels avec le cédant (art. L. 313-29, C. monét. et fin. : **inopposabilité des exceptions**).

B– La cession de dette

1. La notion de cession de dette

La cession de dette est l'opération par laquelle le débiteur originaire (le cédant) transfère sa dette à l'égard d'un créancier (le cédé) à un tiers (le cessionnaire). Elle constitue une technique de **substitution d'un débiteur à un autre**.
Le Code civil ne consacrait pas le principe de la cession de dette (en dehors de la transmission à cause de mort, v. *supra*), un créancier ne pouvant être contraint de changer de débiteur (importance du lien personne-patrimoine). Avec la réforme de 2016, la cession de dette entre dans le Code civil. L'article 1327 dispose, en effet, qu'*« un débiteur peut, **avec l'accord du créancier**, céder sa dette »*.

2. La cession de dette accessoire

Le Code civil envisageait toutefois avant 2016 des cas de cessions de dette à l'occasion de certaines **cessions de contrat** (dette accessoire à la transmission d'une chose, v. les cas exposés au chapitre 4, 2. A. ; mais il s'agit de cessions de dette imparfaites car le cédant reste, en principe, tenu envers le créancier de la dette antérieure à la cession).

3. La cession de dette autonome

Une cession de dette autonome (c'est-à-dire sans l'accord du créancier) serait sans effet à l'égard du créancier (**cession de dette imparfaite**), c'est-à-dire que le débiteur originaire ne serait pas libéré. Pour que la cession opère la libération du débiteur (**cession de dette parfaite**), l'accord du créancier est donc nécessaire (Civ. 1re, 30 avril 2009, *Bull. civ.* I, n° 82 ; article 1327 précité). D'autres techniques permettent de parvenir à ce résultat : la novation par changement de débiteur (v. *infra*) ou la délégation parfaite (v. *infra*). Sur l'opposabilité des exceptions, voir l'article 1328.

II. L'extinction des obligations

A– L'extinction des obligations apportant satisfaction au créancier

Le mode normal d'extinction est le paiement. Il est « *l'exécution volontaire de la prestation due* » (art. 1342 al. 1er). Mais il existe d'autres modes d'extinction qui apportent satisfaction au créancier.

1. Le paiement volontaire

Le paiement est l'exécution d'une obligation quel qu'en soit l'objet (versement d'une somme d'argent, exécution d'un travail).

➜ Les parties au paiement

▶ Le ***solvens*** (celui qui paie) est, en principe, le débiteur ou son représentant. Mais le Code civil admet la validité du paiement fait par une personne qui « *n'y est pas tenue* » sauf refus légitime, dans ce cas, par le créancier (art. 1342-1).

▶ L'***accipiens*** (celui qui reçoit le paiement) est, en principe, le créancier ou son représentant (art. 1342-1 al. 1er). Le paiement fait à une personne qui n'avait pas qualité pour le recevoir est valable si le créancier le **ratifie ou** « ***s'il en a profité*** » (art. 1342-2 al. 2). S'applique ici la **théorie de l'apparence**.

➜ L'objet du paiement

▶ D'une manière générale, le créancier ne peut être contraint de recevoir une autre chose que celle qui lui est due (art. 1342-4 al. 2, v. art. 1342-5 et 1166 relatifs aux modalités d'exécution de ce principe). Toutefois, le créancier a la faculté d'accepter le paiement d'une autre chose : il s'agit alors d'une **dation en paiement** qui a pour effet d'éteindre l'obligation et de transférer la propriété de la chose, d'où sa nature juridique de vente ou d'échange.

Le paiement doit, en outre, être intégral (y compris les frais, art. 1342-7) car le débiteur ne peut aucunement forcer le créancier à recevoir un paiement partiel (art. 1342-4 al. 1er). Sur les pouvoirs du juge pour octroyer un délai de grâce, v. chapitre 8, 1. A.

▸ Des règles spécifiques existent en matière d'**obligation de sommes d'argent**. Le paiement doit être effectué en **monnaie fiduciaire** ayant cours légal (billets et pièces en euros : art. 1343-3). Le paiement peut encore être réalisé par chèque (**monnaie scripturale**) : mode de paiement parfois obligatoire (v. art. L. 112-6, -7 et -8, C. monét. et fin. : seule une sanction fiscale est prévue). La remise du chèque vaut paiement sous la condition résolutoire de son encaissement. (Soc., 17 mai 1972, *D.* 1973, J, 129, note Gavalda). Le paiement peut enfin être fait par virement ou carte bancaire (monnaie scripturale) : l'inscription sur le compte réalise le paiement.

→ Le moment et le lieu du paiement

▸ Lorsque la dette est pure et simple, le paiement est immédiatement exigible ; lorsqu'elle est à terme suspensif, l'exigibilité est différée (sur le paiement anticipé, v. art. 1305-2).

▸ L'article 1342-6 pose la règle de principe selon laquelle « *à défaut d'une autre désignation par la loi, le contrat ou le juge, le paiement doit être fait* ***au domicile du débiteur*** », ainsi que des règles subsidiaires (par exemple, les dettes de sommes d'argent sont portables [paiement au domicile du créancier : art. 1343-4] et non plus quérables : règle supplétive de volonté).

→ La preuve du paiement

▸ La charge de la preuve pèse sur le débiteur (v. art. 1353 al. 1er). Mais il existe parfois des **présomptions de paiement** (v. art. 1342-9 al. 1er, « *la* ***remise volontaire*** *par le créancier au débiteur de l'****original sous signature privée*** *ou de la* ***copie exécutoire*** *du titre de sa créance vaut* ***présomption simple de libération*** ».)

▸ Quant aux **modes de preuve**, ce sont les règles du droit commun de la preuve des actes juridiques qui s'appliquent (v. art. 1359 : un écrit [la quittance] est en principe exigé ; sur l'écrit sous forme électronique, v. art. 1366 et s.). Mais il existe des exceptions (v. art. 1360 et s.).

→ Les incidents de paiement

▸ Lorsque le créancier refuse le paiement, l'article 1345-1 du Code civil et les articles 1426 et suivants du CPC prévoient une procédure complexe dite d'**offres réelles** afin de libérer le débiteur.

▶ Lorsqu'un créancier du créancier entend s'opposer au paiement par le débiteur afin de protéger son droit de préférence sur la créance, son **opposition** prend la forme d'une saisie conservatoire, première phase de la saisie-attribution.

→ Les effets du paiement

▶ Le paiement éteint l'obligation et libère le débiteur.

▶ En cas de pluralité de dettes de même nature (par exemple, de sommes d'argent) à l'égard du même créancier se pose la question de l'**imputation des paiements**. Selon l'article 1342-10 al. 1er, « *le débiteur de plusieurs dettes peut indiquer, lorsqu'il paie, celle qu'il entend acquitter* ». Le Code civil prévoit diverses règles supplétives en la matière (v. art. 1342-10 al. 2).

2. Le paiement avec subrogation personnelle

→ La notion de subrogation

La subrogation personnelle est la **substitution d'une personne à une autre** dans un rapport de droit permettant à la première d'exercer les droits de la seconde (la **subrogation réelle** étant le remplacement d'un bien par un autre soumis au même régime juridique que l'ancien). Le Code civil fait de la subrogation personnelle une **modalité du paiement** (art. 1346 et s.).

→ Le mécanisme de la subrogation personnelle

Le créancier peut recevoir le paiement d'un tiers (v. *supra*). Le *solvens* qui a ***payé volontairement et sans intention libérale la dette d'autrui*** dispose alors d'une **action personnelle** fondée sur le mandat ou la gestion d'affaires mais qui le place au rang de créancier chirographaire.
Aussi le *solvens* a-t-il intérêt d'obtenir du créancier (le subrogeant) d'être **subrogé** dans les droits, actions et sûretés de celui-ci à l'encontre du débiteur.
La subrogation est conventionnelle ou légale (art. 1346 et 1346-1).

→ La subrogation conventionnelle

Elle peut être consentie par le créancier ou par le débiteur.

▶ La subrogation **consentie par le créancier** (art. 1346-1) est celle où le créancier « *recevant son paiement d'une tierce personne la subroge dans ses droits contre le débiteur* ». Cette subrogation doit être **expresse** et elle doit être, en principe, consentie **en même temps que le paiement** (avant paiement, seule une promesse anticipée de subrogation peut être conclue ; après paiement, la créance est éteinte).

▶ La subrogation **consentie par le débiteur** (art. 1346-2, opération effectuée en dehors de toute volonté du créancier) est celle où « *le débiteur empruntant une somme à l'effet de payer sa dette, subroge le prêteur dans les droits du créancier avec le concours de celui-ci* ». La validité de cette subrogation (qui doit être expresse) est soumise à des conditions de forme (la quittance subrogatoire ou subrogative doit comporter certaines mentions afin d'éviter la fraude, v. art. 1346-2 al. 1er). Voir l'article 1346-2 alinéa 2 pour le cas où la subrogation a lieu sans le concours du créancier.

→ La subrogation légale

▶ Le **Code civil** exposait **cinq cas** de subrogation légale (anc. art. 1251), c'est-à-dire qui a lieu **de plein droit**. L'article 1346 abandonne la liste limitative et retient une **formule générale** : « *La subrogation a lieu* ***par le seul effet de la loi*** *au profit de celui qui, y ayant un* ***intérêt légitime****, paie dès lors que son paiement libère envers le créancier celui sur qui doit peser la charge définitive de tout ou partie de la dette* ».

▶ Des textes spéciaux prévoient des cas de subrogation (par exemple, art. L. 121-12 al. 1er, C. assur., au profit de l'assureur qui a payé l'indemnité d'assurance à la victime, contre le tiers responsable ; art. 29 et 30 de la loi du 5 juillet 1985 au profit de la Sécurité sociale et des autres tiers payeurs, v. aussi art. L. 376-1, C. séc. soc.).

→ Les effets de la subrogation

▶ La subrogation entraîne **transfert** au subrogé **de la créance** même qu'il a payée « *avec tous ses avantages ou* ***accessoires*** *présents et à venir* » (Com., 3 juin 1982, *D.* 1982, 483, note Honorat), mais aussi avec toutes les ***exceptions*** que le débiteur aurait pu opposer au créancier originaire (v. art. 1346-5 al. 3).

▶ Mais **la subrogation connaît des limites** car :

- d'une part, le subrogé n'a de recours que « *dans la limite de ce qu'il a payé* », comme l'exprime l'article 1346-4, alinéa 1er (alors qu'en cas de cession de créance réalisée pour un prix inférieur au nominal, le créancier peut toujours réclamer celui-ci) ;
- d'autre part, la subrogation ne peut pas nuire au créancier qui n'a été que partiellement payé (art. 1346-3) : préférence lui est en effet reconnue en cas de concours avec le subrogé.

3. Le paiement forcé

L'article 1341 dispose que « *le créancier* ***a le droit à l'exécution de l'obligation*** *; il peut y contraindre le débiteur dans les conditions prévues par la loi* ».

➜ Le patrimoine, gage commun des créanciers

Aux termes de l'article 2284 : « *Quiconque s'est obligé personnellement, est tenu de remplir son engagement sur tous ses biens mobiliers et immobiliers, présents et à venir.* » L'article 2285 précise : « *Les biens du débiteur sont* ***le gage commun*** *de ses créanciers ; et le prix s'en distribue entre eux par contribution, à moins qu'il n'y ait entre les créanciers des causes légitimes de préférence* » (privilèges ou hypothèques légale, judiciaire ou conventionnelle).

▶ Le **créancier chirographaire**, c'est-à-dire démuni de sûretés, ne peut exercer ses droits que sur ce « gage général » qu'est le patrimoine de son débiteur. Mais tous les biens de celui-ci ne sont pas saisissables (v. art. L. 112-2 CPCE : par exemple, sont insaisissables les biens mobiliers « *nécessaires à la vie et au travail du saisi et de sa famille* »).

▶ Le créancier qui veut procéder à l'**exécution forcée** (celle-ci relevant des huissiers de justice, qui peuvent requérir le concours de la force publique) doit être muni d'un **titre exécutoire** (jugement ou acte notarié revêtus de la formule exécutoire) constatant une créance liquide et exigible : saisie-vente de biens meubles corporels, saisie-attribution entre les mains d'un tiers des créances du débiteur, saisie immobilière régies par le Code des procédures civiles d'exécution.

▶ Le créancier peut pratiquer une **mesure conservatoire** (saisie conservatoire ou sûretés judiciaires provisoires) pour assurer la sauvegarde de ses droits. Les conditions sont plus souples que pour l'exécution forcée (il suffit que la créance paraisse alors « *fondée en son principe* » et que les circonstances soient susceptibles d'en menacer le recouvrement).

▶ Le créancier dispose d'**autres possibilités** d'action pour obtenir l'exécution (v. chapitre 5, 1. C., l'exécution des obligations, en particulier des obligations de faire ; v. aussi art. 1425-8, CPC, sur la procédure d'injonction de faire) : ***droit de rétention*** (art. 2286) du créancier exercé sur un bien remis par le débiteur pour une prestation donnée (par exemple : le garagiste peut retenir le véhicule jusqu'au complet paiement du coût des réparations), ***technique de l'astreinte*** (condamnation du débiteur à une certaine somme par jour de retard dans l'exécution : art. L. 131-1 à L. 131-4 CPCE).

En revanche, la contrainte judiciaire (ex- contrainte par corps) ne peut pas être ordonnée en matière civile et commerciale ; elle n'est un moyen de pression que pour le recouvrement des amendes (art. 749 et s., CPP).

➜ La protection du droit de gage général contre les tiers

En dehors de l'action directe (v. chapitre 4, 2. B.), les créanciers peuvent, pour garantir leurs droits, exercer l'action oblique ou l'action paulienne.

▸ L'**action oblique** (art. 1341-1) permet à un créancier d'exercer au nom et pour le compte de son débiteur négligent les droits et actions de celui-ci contre un tiers (le débiteur de son débiteur) :

- le créancier peut exercer tous les ***droits et actions à caractère patrimonial de son débiteur***, à « *l'exception de ceux qui sont exclusivement rattachés à sa personne* » (art. 1341-1) comme une action en révocation de donation par un époux ou en réparation du préjudice moral ;
- la créance doit être ***certaine, liquide et exigible*** ;
- l'***inaction du débiteur***, sa « *carence* » (art. 1341-1), doit compromettre les droits du créancier (***insolvabilité*** du débiteur, par exemple).

Le succès de l'action produit des **effets dans le patrimoine du débiteur**, sans reconnaissance d'un droit de préférence pour le créancier qui a exercé l'action. Comp. l'action directe (chapitre 4, 2. B.).

▸ L'**action paulienne** (art. 1341-2), du nom du préteur romain Paul, permet à un créancier d'obtenir qu'un acte réalisé par le débiteur en fraude de ses droits lui soit déclaré **inopposable** (l'acte n'est pas annulé). À la différence de l'action oblique, l'action paulienne ***ne profite qu'à celui qui l'exerce*** (le créancier pourra ainsi saisir le bien qui est censé être resté dans le patrimoine de son débiteur : Req. 28 août 1871, *S.* 1878, 1, 316). Elle évite que le débiteur ne dilapide ses biens afin d'échapper aux poursuites de ses créanciers (sur le délit d'organisation frauduleuse de l'insolvabilité, v. art. 314-7 à 314-9, C. pén.) :

- le créancier peut, ***en son nom personnel***, attaquer ***tous les actes*** effectués par le débiteur en fraude de ses droits ;
- la ***créance*** doit être ***née antérieurement à l'acte attaqué*** ;
- l'acte du débiteur doit avoir ***appauvri son patrimoine*** et, en principe, créé ou aggravé son ***insolvabilité*** ; il doit, en outre, avoir été accompli en ***fraude des droits du créancier***, la fraude résultant « *de la seule connaissance qu'a le débiteur du préjudice qu'il cause au créancier en se rendant insolvable ou en augmentant son insolvabilité* » (Civ. 1re, 17 octobre 1979, *JCP* 1981, II, 19627, note Ghestin). L'intention de nuire n'est donc pas nécessaire. Si l'acte est à titre gratuit, la

complicité frauduleuse du tiers n'a pas à être établie, à la différence de ce qui est exigé en matière d'acte à titre onéreux (art. 1341-2).

4. La compensation

La compensation est un **mode d'extinction simultanée d'obligations réciproques entre deux personnes** à due concurrence (art. 1347) : par exemple, la pratique du compte courant bancaire.
La compensation rend inutile le recours à des paiements en sens contraire et constitue une **garantie de paiement** en cas d'insolvabilité du débiteur.
Le Code civil expose (art. 1347 et s.) les conditions de la **compensation légale**, **conventionnelle** ou **judiciaire**.

▶ Pour que la compensation produise effet, les dettes doivent être ***réciproques*** (entre les mêmes personnes), **certaines**, et doivent avoir pour objet une ***chose fongible*** (par exemple, une somme d'argent). Elles doivent encore être ***liquides et exigibles*** (sauf s'il s'agit de ***dettes connexes***, c'est-à-dire nées d'un même rapport juridique synallagmatique : art. 1348-1 et Civ. 1re, 18 janvier 1967, *D.* 1967, 358, note Mazeaud, ou de contrats d'un même ensemble contractuel, ou en matière de compensation judiciaire [voir art. 1348]).

▶ Lorsque ces conditions sont réunies, « *la compensation s'opère, **sous réserve d'être invoquée** [et non plus de plein droit comme l'indiquait l'ancien article 1290] **à due concurrence**, à la date où ses conditions se trouvent réunies* ». Enfin, la compensation « ***ne préjudicie pas aux droits acquis par des tiers*** » (art. 1347-7).

5. La confusion

▶ La confusion résulte de la réunion « ***des qualités de créancier et de débiteur d'une même obligation dans la même personne*** » (art. 1349).

▶ Pour les rédacteurs du Code civil, la confusion « *éteint les deux créances* » (en réalité il n'y en a qu'une seule). L'ordonnance de 2016, prenant compte les critiques précise désormais que la confusion était « ***la créance*** » et ses accessoires (art. 1349). Cet effet d'extinction est controversé car la confusion apparaît plus comme un **obstacle matériel à l'exécution de l'obligation** que comme une véritable cause d'extinction, ou en tout cas celle-ci ne produit qu'un **effet relatif** puisque, selon la jurisprudence, la confusion préserve les droits « *définitivement acquis au créancier antérieurement à l'acte ayant créé la confusion* » (Req. 11 mai 1926, *D. H.* 1926, 314 : opposabilité d'un bail à un tiers, voir aussi Civ. 3e, 2 octobre 2002, *Bull. civ.* III, n° 188). Solution confirmée par l'article 1349 qui dispose que l'extinction de la créance a lieu « ***sous réserve des droits acquis par ou contre des tiers*** ».

6. La novation

La novation (art. 1329 et s.) est une convention qui opère **substitution d'une obligation nouvelle à une obligation ancienne** qui s'éteint (différence avec la cession de créance).

➜ Les conditions de la novation

La novation, étant une convention, doit réunir les conditions de tous les contrats (v. art. 1128 et s., chapitre 3). Mais trois autres conditions spécifiques à la novation s'y ajoutent :

▸ l'**intention de nover** : en effet, « *la novation ne se présume pas ; la volonté de l'opérer doit résulter clairement de l'acte* » (art. 1330). Cette volonté n'apparaît pas clairement dans la ***simple indication d'un mandataire*** pour effectuer ou recevoir le paiement (v. art. 1340) ;

▸ l'existence d'une obligation ancienne (originaire), qui doit être valable (art. 1331) car elle sert de cause à l'obligation nouvelle ;

▸ la création d'une obligation nouvelle, remplaçant l'ancienne, qui disparaît. L'article 1329 alinéa 2 énumère trois causes de modification (métamorphose) de l'obligation :

- la novation ***par substitution d'obligation*** : changement d'***objet*** (somme d'argent à la place d'un corps certain), de ***cause*** (somme due non plus à titre de loyers mais de mensualités d'un prêt), d'une ***modalité*** (adjonction ou suppression d'une condition, mais pas d'un terme, ce qui serait insuffisant pour nover) ;
- la novation ***par changement de débiteur***, qui suppose le consentement du créancier et du nouveau débiteur mais pas nécessairement celui du débiteur originaire (v. art. 1332) ;
- la novation ***par changement de créancier***, qui exige le consentement du débiteur (à la différence de la cession de créance, d'où son moindre intérêt : art. 1333).

➜ Les effets de la novation

▸ **L'obligation ancienne est éteinte** avec tous ses accessoires, privilèges et hypothèques, à moins que **les tiers garants acceptent le maintien** des sûretés d'origine **pour la garantie de la nouvelle obligation** (art. 1334 al. 2).

▶ Une **obligation nouvelle** est **créée** qui se substitue à l'obligation ancienne.

7. La délégation

La délégation (art. 1336 et s.) est l'opération triangulaire par laquelle une personne, **le délégant** (le débiteur originaire), donne l'ordre à une autre personne, **le délégué** (débiteur du délégant), de s'obliger au profit d'un tiers, le **délégataire** (le créancier du délégant). La délégation opère ainsi une **simplification du paiement** puisque deux dettes (celle du délégant à l'égard du délégataire et celle du délégué à l'égard du délégant) sont éteintes par une même opération. La pratique de la ***lettre de change*** constitue un exemple de délégation.
Il existe deux délégations : la délégation **parfaite** et la délégation **imparfaite**.

➜ La délégation parfaite

▶ La délégation est parfaite (art. 1337) lorsque le délégué s'engage envers le délégataire qui manifeste son intention de libérer le délégant. La délégation parfaite apparaît de ce fait comme un **cas particulier de novation par changement de débiteur** (substitution d'un débiteur à un autre), d'où son appellation de délégation novatoire.

▶ La délégation parfaite suppose le **consentement du délégant**, du **délégué** et du **délégataire** à l'opération. De plus, le délégataire doit avoir « *expressément* » déclaré qu'il entendait « *décharger* » le délégant (art. 1337).

▶ La délégation parfaite constituant une novation **éteint l'obligation ancienne** avec ses accessoires et sûretés et libère définitivement le délégant (même si le délégué devient insolvable, sauf réserve expresse ou si le délégué « *se trouve soumis à une **procédure d'apurement** de ses dettes lors de la délégation* » ; art. 1337 al. 2) et **crée une obligation nouvelle** entre le délégué et le délégataire soumise à la règle de l'**inopposabilité des exceptions** (voir art. 1336 al. 2).

➜ La délégation imparfaite

▶ La délégation est imparfaite (art. 1338) lorsque le délégataire **n'a pas entendu libérer le délégant**.

▶ La délégation imparfaite ne produit **pas d'effet novatoire**. Une **obligation nouvelle est créée** entre le délégué et le délégataire mais **l'obligation antérieure subsiste**. Par conséquent, le créancier délégataire a deux débiteurs. Comme l'exprime l'article 1338, cette délégation « *donne au délégataire un second débiteur* ». L'**autonomie des deux rapports de droit** explique que le délégué ne peut pas, en principe, opposer au délégataire les exceptions qu'il pourrait opposer au délégant

(Civ., 24 janvier 1872, *D. P.* 1873, 1, 75 : réserve faite de la mauvaise foi du créancier). Et très logiquement, le paiement fait par l'un des débiteurs libère l'autre « *à due concurrence* » (art. 1338 al. 2).

B– L'extinction des obligations n'apportant pas satisfaction au créancier

L'obligation peut être éteinte sans que le créancier ait obtenu satisfaction. Cette situation peut avoir une **origine conventionnelle** (la remise de dette) ou être **indépendante de tout accord de volontés** (la prescription).

1. La remise de dette

→ La notion

La remise de dette (art. 1350 et s.) est le contrat par lequel le créancier « *libère le débiteur de son obligation* ». Le créancier consent, en effet, à son débiteur (qui accepte) **l'abandon total ou partiel** de sa créance. Elle peut être expresse ou tacite.

→ La preuve

La remise de dette est soumise aux règles de preuve des actes juridiques (v. art. 1359 et s.). De plus, l'article 1342-9 établit une **présomption simple** de libération : la ***remise volontaire*** du titre original ***sous signature privée***, par le créancier au débiteur, ou de la **copie exécutoire** du titre de sa créance.

→ Les effets

La remise de dette entraîne extinction de l'obligation en tout ou en partie ainsi que des accessoires et sûretés (v. art. 1350-1 en ce qui concerne les incidences en cas de pluralité de débiteurs).

2. La prescription extinctive

→ La notion

La prescription extinctive (ou **libératoire**) est un **mode légal** (art. 2219 et s.) **d'extinction** des obligations (plus exactement, de la contrainte exercée sur le débiteur, car l'obligation demeure en tant qu'obligation naturelle, v. chapitre 1, 1. A.), en raison de l'**inaction du créancier** pendant un certain **délai** pour recouvrer sa créance (comp. la prescription acquisitive [ou usucapion] qui permet, grâce à l'écoulement du temps, d'acquérir un droit réel). La prescription extinctive est, en effet, un moyen de se libérer en raison de l'inaction de son titulaire pendant « *un certain laps de temps* » (art. 2219).

➜ Les fondements de la prescription

La prescription est un **facteur de paix sociale** car elle protège les situations acquises, le temps qui passe effaçant les preuves. Elle **sanctionne** aussi le comportement négligent du créancier. Elle est, enfin, parfois fondée sur l'idée d'une **présomption de paiement** (c'est le cas pour les courtes prescriptions, v. *infra*).

➜ Le délai de prescription

► Le délai de prescription **de droit commun** des **actions personnelles ou mobilières** est de **cinq ans** (art. 2224).

► Des **délais particuliers** ont été instaurés :

- **trente ans**, pour les **actions réelles immobilières** (art. 2227) ;
- **dix ans**, pour les **actions en responsabilité** née à raison d'un événement ayant entraîné un **dommage corporel**, engagées par la victime directe ou indirecte (art. 2226).

➜ Le point de départ du délai

Le point de départ du délai est, en principe, le jour où l'action peut être exercée par le créancier (c'est-à-dire la date d'exigibilité de la créance), et non le jour de la naissance du droit. Par conséquent, si la créance est assortie d'un terme ou affectée d'une condition, le délai court du jour de l'arrivée de l'échéance ou de l'événement.

➜ L'interruption de la prescription

► La prescription est interrompue par **tout acte de poursuite ou d'exécution forcée du créancier** (art. 2241 et 2244 : demande en justice, même en référé ou devant un juge incompétent, commandement, saisie même conservatoire) ou par la **reconnaissance de sa dette par le débiteur** (art. 2240).

► Le temps écoulé est anéanti et un nouveau délai de même durée recommence à courir.

➜ La suspension de la prescription

► Elle intervient dans le cas où le créancier est « ***dans l'impossibilité d'agir*** *par suite d'un empêchement résultant de la* ***loi****, de la* ***convention*** *ou de la* ***force majeure*** » (art. 2234 et, à propos de la force majeure, Civ. 1re, 22 décembre 1959, *JCP* 1960, II, 11494, note P. E.).

▶ Elle s'applique aussi au profit des **mineurs non émancipés** et des **majeurs en tutelle**, ou entre **époux** ou **partenaires pacsés** (art. 2236)

▶ La suspension arrête le cours de la prescription de manière **temporaire**. Lorsque la cause de suspension disparaît, le délai recommence à courir, mais le temps déjà acquis est juridiquement pris en considération.

➜ Le cas particulier des délais préfix

Certains délais, qualifiés de **délais préfix**, sont octroyés pour l'accomplissement d'un acte, à l'expiration desquels la **forclusion** est acquise. Ils ne sont, en principe, **susceptibles ni d'interruption ni de suspension** : par exemple, le délai de deux ans en matière de rescision pour cause de lésion (art. 1676).

➜ Les effets de la prescription

▶ La prescription **empêche le créancier d'exiger** que le débiteur exécute l'obligation (v. Civ 2e, 9 juillet 2009, *Bull. civ.* II, n° 194, à propos de l'ancien article 2277). Mais celle-ci subsiste en tant qu'obligation naturelle (v. chapitre 1, 1. B.).

▶ La prescription **n'opère pas de plein droit** : le moyen résultant de la prescription doit être soulevé par le débiteur et ne peut être relevé d'office par le juge (art. 2247).

▶ Il est possible de **renoncer à une prescription acquise**, mais on ne peut renoncer d'avance à une prescription (art. 2250).

Conseils bibliographiques

Aubry et **Rau**, *Droit civil français*, 8e éd. sous la direction de **Ponsard** (A.) et de **Fadlallah** (I.), t. VI-2, *Responsabilité délictuelle*, par **Dejean de la Bâtie** (N.), Litec, 1989.

Bénabent (A.), *Droit civil, Les obligations*, LGDJ, Précis Domat, 15e éd., 2016.

Buffelan-Lanore (Y.) et **Larribau-Terneyre** (V.), *Droit civil 2e année*, Dalloz-Sirey, 15e éd., 2017.

Carbonnier (J.), *Droit civil, Les biens, Les obligations*, PUF, coll. « Quadrige », 1re éd., 2004.

Fabre-Magnan (M.), *Droit des obligations*, t. 1, *Contrat et engagement unilatéral*, (4e éd. 2016) t. 2 *Responsabilité civile et quasi-contrats* (3e éd., 2013), PUF, coll. « Thémis ».

Flour (J.), **Aubert** (J.-L.) et **Savaux** (E.), *Les obligations*, Dalloz-Sirey, vol. 1, *L'acte juridique* (14e éd., 2010) ; vol. 2, *Le fait juridique* (14e éd., 2011) ; vol. 3 (avec **Flour** [Y.]), *Le rapport d'obligation* (9e éd., 2015).

Ghestin (J.), *Traité de droit civil* (sous la direction de), LGDJ : *La formation du contrat*, par **Ghestin** (J.), 4e éd., 2013 ; *Les effets du contrat*, par **Ghestin** (J.), **Jamin** (C.) et **Billiau** (H.), 3e éd., 2001 ; *Introduction à la responsabilité*, par **Viney** (G.), 3e éd., 2008 ; *Les conditions de la responsabilité*, par **Viney** (G.) et **Jourdain** (P.), 4e éd., 2013 ; *Les effets de la responsabilité*, par **Viney** (G.) et **Jourdain** (P.), 3e éd., 2011. *Le régime des créances et des dettes* (1re éd., 2005) par **Billiau** (M.), **Ghestin** (J.) et **Loiseau** (G.)

Larroumet (Ch.) et **Bros** (S.), *Droit civil*, t. 3, Les obligations, Le contrat, Economica, 8e éd., 2016.

Le Tourneau (Ph.), *Droit de la responsabilité et des contrats* (sous la direction de), Dalloz, coll. « Dalloz Action », 10e éd., 2014.

Malaurie (Ph.), **Aynès** (L.) et **Stoffel-Munck** (Ph.), *Droit civil, Les obligations*, Defrénois, 8e éd., 2016.

Malinvaud (Ph.), **Fenouillet** (D.) et **Mekki** (M.), *Droit des obligations*, LexisNexis, 13e éd., 2014.

Marty (G.) et **Raynaud** (P.), Les obligations, Sirey, t. 1, Les sources, par **Raynaud** (P.), 2e éd., 1988 ; t. 2, Le régime, par **Raynaud** (P.) et **Jestaz** (Ph.), 2e éd., 1989.

Mazeaud (H.-L. et J.), *Leçons de droit civil*, t. II, 1er vol., *Obligations, théorie générale*, par **Chabas** (F.), Montchrestien, 9e éd., 1998.

Montanier (J.-C.), *Le contrat*, PUG, coll. « Le droit en plus », 5e éd., 2006.

Roland (H.) et **Boyer** (L.), *Droit civil, Les obligations*, Litec, 3 vol., t. 1, Responsabilité délictuelle (5e éd., 1996) ; t. 2, Contrat (6e éd., 1998) ; t. 3, Régime général (6e éd., 1999).

Terré (F.) et **Lequette** (Y.), *Les grands arrêts de la jurisprudence civile*, t. 2, Obligations, contrats spéciaux, sûretés, Dalloz, 13e éd., 2015.

Terré (F.), **Simler** (P.) et **Lequette** (Y.), *Droit civil, Les obligations*, Dalloz, coll. « Précis », 11e éd., 2013.

Index alphabétique

PAPIER À BASE DE FIBRES CERTIFIÉES

hachette s'engage pour l'environnement en réduisant l'empreinte carbone de ses livres. Celle de cet exemplaire est de : 650 g éq. CO_2
Rendez-vous sur www.hachette-durable.fr

Imprimé en France par la Nouvelle Imprimerie Laballery
58500 Clamecy
Dépôt légal : novembre 2018 – Collection n° 10 – Édition 02
N° d'impression : N133205 / 3077

68/5039/9